Laura Marie Geupel · Selina Greife

Das Übungsheft Ethik 3

Menschsein, Glauben, Handeln

Name: ______________________________

Klasse: ____________

Mein Ethikmeister-Pass

Ethikmeister	Seite	Datum	Anzahl der richtigen Antworten	Wie leicht fiel mir das? ☺ ☺ 😐 ☹
1	14			
2	24			
3	34			
4	44			
5	54			
6	63			

Mildenberger

Inhaltsverzeichnis

Menschsein

Inhaltsverzeichnis

Philosophieren – was ist das und wie macht man das?

Du hast bestimmt schon einmal philosophiert, ohne es bemerkt zu haben. In der Philosophie geht es darum, Fragen zu stellen. Aber keine Fragen wie „Was ergibt 5 mal 8?“ oder „Worin unterscheiden sich Katzen von Hunden?“. Stattdessen stellt man dabei Fragen wie „Was ist Liebe?“ oder „Ist es okay, Tiere zu essen?“. Das Großartige, aber auch Schwierige an diesen philosophischen Fragen ist, dass es keine genauen oder richtigen Antworten darauf gibt. Jeder Mensch kann sich dazu seine eigenen Gedanken machen und einer Begründung zustimmen oder nicht.

Doch was hat Philosophie nun mit deinem Leben zu tun?

Philosophie kann dabei helfen, alles besser zu verstehen: uns Menschen, unser Leben und die Welt. Indem sich Menschen immer wieder philosophische Fragen stellen und sich austauschen, können neue Ideen entstehen. Außerdem kannst du viel über dich lernen, wenn du dich zum Beispiel fragst „Wer bin ich?“ oder „Was ist mir wichtig im Leben?“.

Philosophieren mit dem 5-Finger-Modell

Deine Hand kann dir dabei helfen, zu einem Thema die philosophischen Fragen zu stellen. Mit jedem Finger stellst du dir bestimmte Fragen zu einem Thema.

Dafür- und dagegensprechen
Was spricht dafür, was dagegen?
Was überzeugt mich mehr?

Sich hineinversetzen
Was denken andere?
Wie ist etwas gemeint?
Wie kam es dazu?

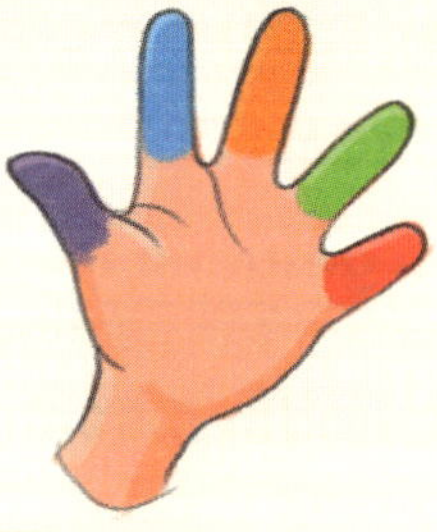

Einzelheiten klären und erforschen
Was genau bedeutet das?
Aus welchen Einzelteilen ist es aufgebaut?
Wie kam es dazu?

Fantasieren und weiterdenken
Was wäre, wenn…? Was könnte passieren?
Könnte es auch ganz anders sein?

Genau hinschauen
Was sehe ich?

Erster Finger: Genau hinschauen

Beim ersten Finger beschäftigst du dich mit diesen Fragen:

Was sehe ich?

Was ist das?

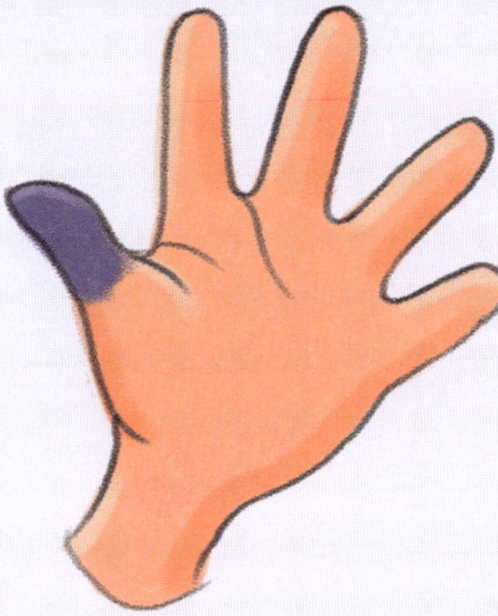

Bei dem ersten Finger geht es also immer darum, etwas genau zu betrachten und zu beschreiben. Wichtig ist dabei, dass du nur das, was du siehst, beschreibst. Du bewertest also nicht, indem du zum Beispiel sagst, wie du das Gesehene findest. Auch erfindest du nichts dazu, was du nicht siehst.

1 Schau dir das Bild auf der rechten Seite an.
Such dir ein Kind aus und beschreibe es.

2 Lies dir die Beschreibungen von Theo und Lisa durch. Welche der beiden Beschreibungen passt zum ersten Finger? Kreuze an.

Der Junge trägt eine grüne Hose. Er hat eine Kappe auf dem Kopf. Sein T-Shirt ist weiß mit blauen Rändern. Er hat schöne Turnschuhe an. Diese trägt er bestimmt, da er gerne Sport macht.	Der Junge trägt eine grüne Hose. Er hat eine Kappe auf dem Kopf. Sein T-Shirt ist weiß mit blauen Rändern. Er hat weiße Schuhe an.
☐	☐

Zweiter Finger: Einzelheiten klären und erforschen

Beim zweiten Finger beschäftigst du dich mit diesen Fragen:

Was genau bedeutet das?

Aus welchen Einzelheiten ist es aufgebaut?

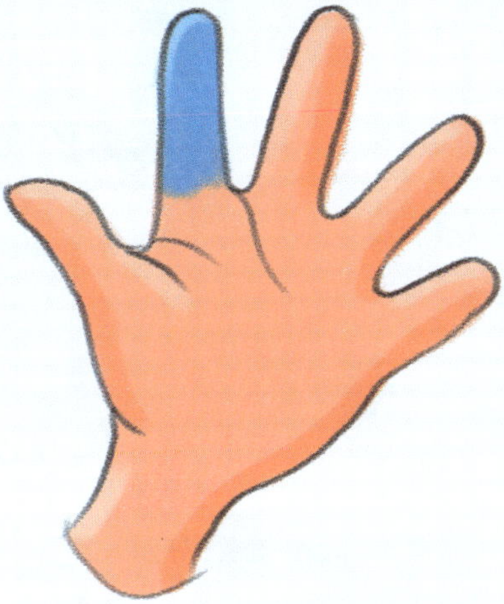

Bei dem zweiten Finger wirst du zum Forscher oder zur Forscherin: Es geht bei diesem Finger immer darum, dass du etwas Ganzes in seine Einzelteile zerlegst und es genauer erforschst. So kannst du dir einen genaueren Überblick verschaffen und weitere Entscheidungen treffen. Du versuchst dabei, zu verstehen, was du siehst.

1 Schau dir das folgende Bild an. So sehen manche Schulen auf dem Land in Afrika aus.

2 Worin besteht der Unterschied zu deiner Schule?

3 Welche Gemeinsamkeiten erkennst du?

Dritter Finger: Dafür- und dagegensprechen

Beim dritten Finger beschäftigst du dich mit den Fragen:

Was spricht dafür?

Und was dagegen?

Was überzeugt mich mehr?

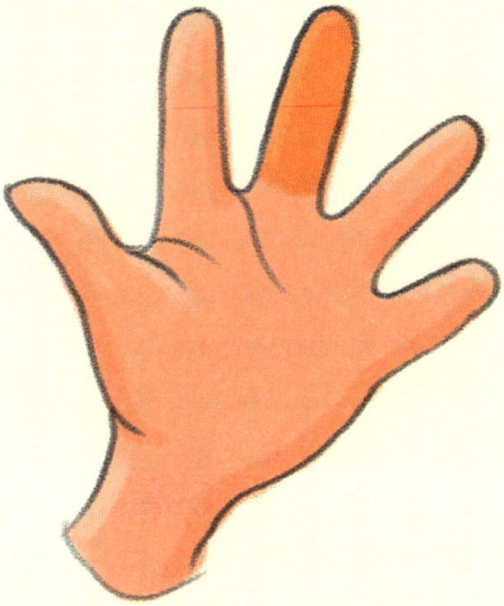

Bei dem dritten Finger beschäftigst du dich mit den Argumenten zu einem Thema. Dabei prüfst du diese darauf, ob du der gleichen Meinung bist. Danach entscheidest du dich dafür oder dagegen. Im Anschluss versuchst du zu beurteilen, ob die Entscheidung die richtige war.

1 Finde Gründe dafür, dass auch Jungen Nagellack tragen dürfen.

2 Finde Gründe dagegen, dass auch Jungen Nagellack tragen dürfen.

3 Was ist deine Meinung? Begründe.

Ich finde, Jungen sollten

Vierter Finger: Sich hineinversetzen

Beim vierten Finger beschäftigst du dich mit diesen Fragen:

Was denken andere?

Wie ist etwas gemeint?

Wie kam es dazu?

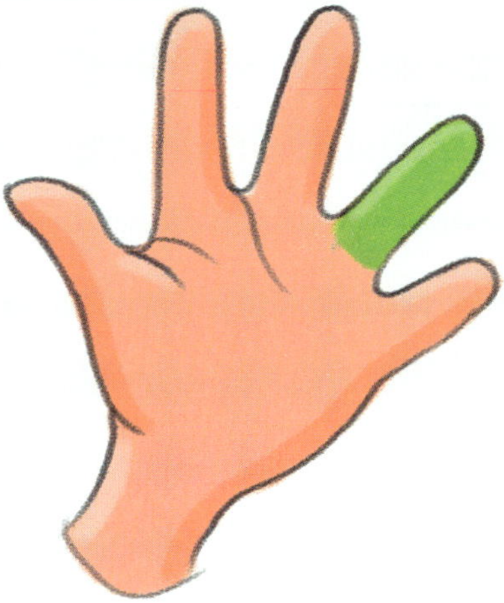

Bei dem vierten Finger versuchst du dich in eine andere Person hineinzuversetzen. Dabei versuchst du zum Beispiel die Gefühle oder Gründe der Person zu verstehen. Danach kann es durchaus sein, dass du manches vielleicht anders siehst.

1 Heiko wirft im Vorübergehen das Mäppchen von Nardos herunter und läuft weiter, ohne sich zu entschuldigen oder die Stifte aufzuheben. Was denkst du: Wie fühlt sich Nardos? Begründe.

2 Schau dir die Situation an. Wie fühlt sich nun Heiko, nachdem Nardos ihn angemotzt hat? Schreibe auf.

Fünfter Finger: Fantasieren und weiterdenken

Beim fünften Finger beschäftigst du dich mit den Fragen:

Was wäre, wenn ...?

Was könnte passieren?

Könnte es auch ganz anders sein?

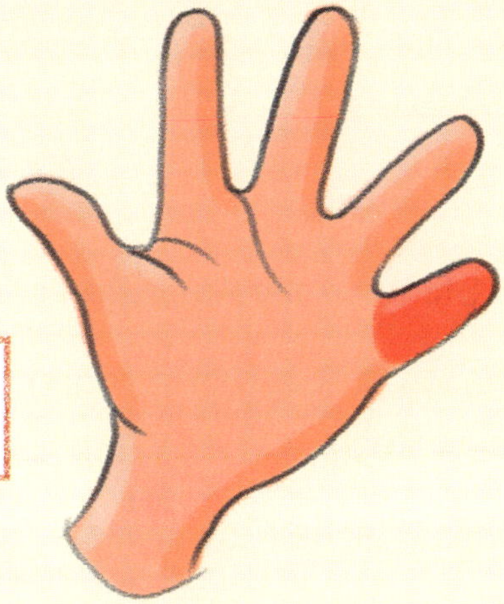

Bei dem fünften Finger sind deine Fantasie und Kreativität gefragt, indem du über Alternativen nachdenkst. Hierbei sind dir keine Grenzen gesetzt, denn es gibt kein Richtig oder Falsch.

1 Stell dir vor, du könntest einen Tag lang ein Tier sein. Welches Tier wärst du gern und warum?

Der 1. Ethikmeister

20 min

Auf den folgenden beiden Seiten kannst du überprüfen, wie gut du das Kapitel „**Philosophieren mit dem Fünf-Finger-Modell**“ verstanden hast.

1 Stimmen die Aussagen oder nicht? Kreuze an.

	Stimmt	Stimmt nicht
Wenn ich philosophiere, dann überlege ich zum Beispiel, ob eine Rechnung richtig gerechnet wurde.	☐	☐
Philosophische Fragen hinterfragen unsere Welt.	☐	☐
„Was ist Freundschaft?“ ist eine philosophische Frage.	☐	☐
Das „Fünf-Finger-Modell“ kann helfen, die richtigen Fragen zu einem philosophischen Thema zu stellen.	☐	☐
Philosophie kann dabei helfen, uns Menschen, unser Leben und die Welt besser zu verstehen.	☐	☐

2 Ordne die Fragen den passenden Fingern zu.
Male dazu die Rahmen in der entsprechenden Farbe an.

Was genau bedeutet das? Aus welchen Einzelheiten besteht es?	**Genau hinschauen**
Was wäre, wenn …? Was könnte passieren?	**Einzelheiten klären und erforschen**
Was sehe ich? Was ist das?	**Dafür- und dagegensprechen**
Was spricht dafür und dagegen? Was überzeugt mich mehr?	**Sich hineinversetzen**
Was denken andere? Wie ist es gemeint? Wie kam es dazu?	**Fantasieren und weiterdenken**

3 Lies dir die Beispielaufgaben durch. Streiche den falschen Kasten durch.

Erfinde eine Maschine, die anderen Menschen helfen kann. Was kann deine Maschine Besonderes?	Dafür- und dagegensprechen	Fantasieren und weiter-denken
Entscheide, ob man in einer guten Freundschaft auch lügen darf.	Dafür- und dagegensprechen	Sich hinein-versetzen
Was verbindest du mit dem Wort „Freundschaft"?	Einzelheiten klären und erforschen	Genau hinschauen
Was könnte Luna darüber denken, dass Vito sie bei der Lehrerin verpetzt hat?	Dafür- und dagegensprechen	Sich hinein-versetzen

4 Wie heißt der Finger, zu dem die jeweilige Aufgabe gehört? Ergänze.

Beispielaufgabe	Name des Fingers
Stell dir vor, du hättest Wünsche frei. Was würdest du dir wünschen?	
Sei der Spiegel für ein anderes Kind und beschreibe es.	
Wie könnte sich Lino gefühlt haben?	
Entscheide, ob es schlimm ist, zu verlieren.	
Warum sollte man überlegen, bevor man sich Haustiere zulegt?	

Du hast ____ von 19 Antworten richtig.

Was ich kann – was ich nicht kann

Wenn es darum geht, was jemand gut kann oder nicht gut kann, dann spricht man oft von Stärken und Schwächen. Dabei meint Stärke nicht nur Muskelkraft. Auch du hast Stärken – das sind Dinge, die du besonders gut kannst. Du darfst stolz auf sie sein.

1 Färbe die Rahmen von Stärken gelb und von Schwächen blau ein.

Jaro weiß viel über Leichtathletik.

Imran zeichnet fantasievolle Bilder.

Theo hält sich oft nicht an Regeln.

Lotta kommt häufig zu spät zum Unterricht.

Rahel kann sehr gut zuhören, wenn ihre Freunde von Problemen erzählen.

2 Was bedeuten die Begriffe „Stärke“ und „Schwäche“ für dich? Erkläre.

Stärke ist für mich ______

Schwäche ist für mich ______

3 Welche Stärken und Schwächen hast du? Fülle die Tabelle aus.

Darin sehe ich meine Stärken	Darin sehe ich meine Schwächen
Ich kann sehr gut ______	Ich kann noch nicht so gut ______
Ich kann gut ______	Ich muss noch mehr üben, dass ______
Darauf bin ich stolz: ______	Darin kann ich mich noch verbessern: ______

Jeder Mensch kann andere Dinge

Es gibt sehr viele Menschen auf dieser Welt. Etwa ein Viertel davon sind Kinder. Unter ihnen gibt es bestimmt welche, die so alt sind wie du, so groß sind wie du oder vielleicht auch die gleichen Stärken haben wie du. Doch selbst wenn jemand dir sehr ähnlich ist: Dich und deinen Fingerabdruck gibt es nur ein einziges Mal auf dieser Welt!

1 Nimm dir ein Stempelkissen oder etwas Tinte und färbe damit einen Finger ein. Mache nun einen Fingerabdruck:

Mein Fingerabdruck

Fingerabdruck von ____________

Hier kannst du dir von einem anderen Kind einen Fingerabdruck geben lassen und eure Fingerabdrücke vergleichen.

2

Nummeriere, in welcher Reihenfolge die Tiere ins Ziel kommen.

☐ Schnecke ☐ Faultier ☐ Zebra (65 km/h) ☐ Fisch

☐ Gepard ☐ Panda ☐ Eule (50 km/h)

3 Begründe, warum gerade dieses Tier das Rennen gewinnt.

____

____

4

Wenn du der Fisch wärst: Wie würdest du dich fühlen? Warum?

5 Bei welchem Wettkampf würdest du dich als Fisch gerechter behandelt fühlen?

6 Stell dir vor, alle 8 Milliarden Menschen auf der Welt könnten die gleichen Dinge gut oder nicht gut. Wie fändest du das? Begründe.

Was ich mir wünsche – wovor ich mich fürchte

Jeder Mensch hat Wünsche. Doch leider gehen Wünsche nicht immer in Erfüllung. Zwar kannst du dir selbst Wünsche erfüllen, indem du etwas dafür tust. Bei den meisten Wünschen hat man jedoch keinen Einfluss darauf, ob sie in Erfüllung gehen. Das hängt manchmal von Geld, einem anderen Menschen oder einem anderen Einfluss ab.

1 Was kann man kaufen, was nicht? Sortiere alle käuflichen (materiellen) und nicht käuflichen (immateriellen) Wünsche in die Tabelle ein.

Spielzeug | Freunde | Mäppchen | Familie | Gesundheit

glücklich sein | Smartphone | Spielekonsole

Wünsche, die ich mir kaufen kann	Wünsche, die ich mir **nicht** mit Geld kaufen kann

2 Du hast vier Wünsche frei – zwei materielle und zwei immaterielle Wünsche. Was wünschst du dir? Schreibe auf.

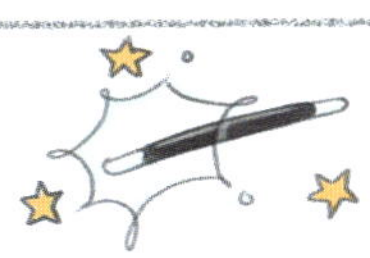
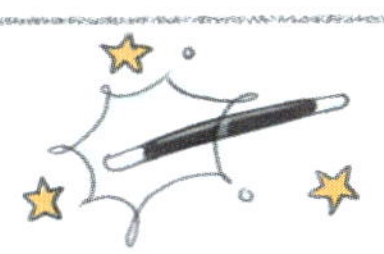
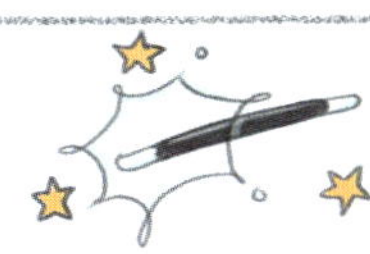
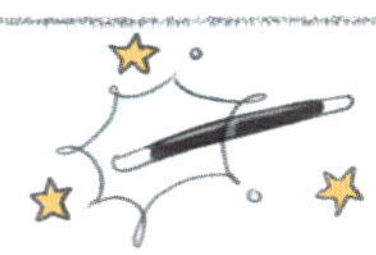

3 Umkreise in Gelb alle deine Wünsche, die du dir kaufen kannst.

4 Stell dir vor, es gäbe eine Welt, in der **jeder** Wunsch erfüllt wird. Wie wäre diese Welt für dich? Begründe.

Sie wäre toll, weil ______

______

______

Sie wäre schlecht, weil ______

______

______

5 Können in unserer Welt alle Wünsche erfüllt werden? Begründe.

______

______

______

6 Lies die Sätze. Was könnten sich die Kinder wünschen?

Ben ist neidisch auf die neue Spielekonsole seiner Freundin Zahin.

Ben wünscht sich, dass ______.

Erics Bruder ist krank.

Eric wünscht sich, dass ______.

Tonis Eltern kommen oft sehr spät von der Arbeit nach Hause.

Toni wünscht sich, dass ______

______.

Wie ich fühle

Jeder Mensch hat Gefühle. So kannst du dich zum Beispiel glücklich, traurig, wütend, enttäuscht oder stolz fühlen. Wie du dich fühlst, hängt dabei häufig davon ab, was dir gerade passiert und ob du es magst oder nicht.

1 In welcher Situation warst du glücklich, wütend oder traurig? Beschreibe. Male den Körper in einer Farbe an, die für dich zu dem Gefühl passt.

In dieser Situation war ich glücklich:

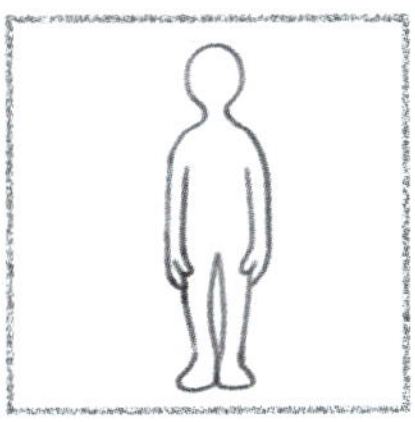

In dieser Situation war ich wütend:

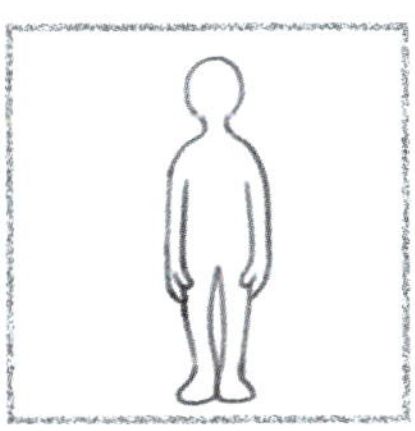

In dieser Situation war ich traurig:

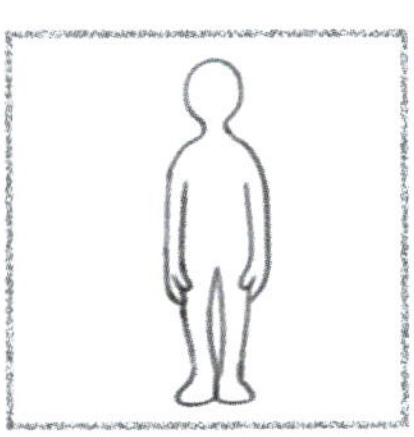

2 Woran kannst du erkennen, dass jemand wütend ist? Sieht das bei jedem Menschen gleich aus?

3 Wie fühlt sich das jeweilige Kind? Begründe, woran du das Gefühl erkannt hast.

Das Kind ist ______, weil ______

Das Kind ist ______, weil ______

Das Kind ist ______, weil ______

Das Kind ist ______, weil ______

Ich fühle mich besser, wenn …

Manchmal passiert etwas, sodass du dich nicht gut fühlst. Dich kann zum Beispiel etwas wütend oder traurig machen. Dann ist es gut, wenn du weißt, wie du dir selbst oder jemand anderes dir helfen kann, damit es dir wieder besser geht.

1 Stell dir vor, du wärst das jeweilige Kind. Was kannst du tun, damit du dich besser fühlst?

2 Wer könnte dir helfen, wenn du es allein nicht schaffst, dich besser zu fühlen? Schreibe in Stichworten.

Der 2. Ethikmeister

1 Stärken können sich nicht nur auf etwas beziehen, das du gut kannst. Stärken kannst du in vielen Bereichen haben. Ergänze deine Stärken, indem du die Sätze beendest.

Es fällt mir leicht, __________.

Ich werde oft gefragt, wenn es um __________.

Mich begeistert __________.

2 Wie fühlt es sich an, wenn du dir deine Stärken in Aufgabe **1** durchliest? Beschreibe das Gefühl.

____

____

____

3 An Schwächen kannst du arbeiten, indem du dir Ziele setzt. Lies dir durch, was du bei Aufgabe **3** auf Seite 16 geschrieben hast. Suche dir zwei Schwächen heraus und überlege dir passende Ziele.

1. Darin sehe ich meine Schwäche: __________.

   Das ist mein Ziel: __________

   ____

2. Darin sehe ich meine Schwäche: __________.

   Das ist mein Ziel: __________

   ____

4 Welcher Satz stimmt? Kreuze an:

☐ Schwächen bleiben für immer Schwächen.

☐ Ich kann versuchen, an Schwächen zu arbeiten.

5 Muss jeder Mensch alles gleich gut können? Begründe deine Meinung.

____

____

____

6 In diesem Kapitel hast du dich auch mit deinen Gefühlen in verschiedenen Situationen beschäftigt und erarbeitet, was dich traurig oder wütend macht. Suche fünf Ideen heraus und ergänze drei, die dir helfen, dich in unangenehmen Situationen besser zu fühlen. Male die Felder aus.

Wenn ich traurig oder wütend bin, dann hilft es mir, wenn ich …

… versuche, an etwas Schönes zu denken.	… jemanden umarme.	…spazieren gehe.
… eine Faust mache.	… tief durchatme.	… mit jemandem darüber spreche.
… mich kurz zurückziehe.	… an die Luft gehe und laut schreie.	… einen Stressball knete.
… anschließend Musik höre.	… mir Unterstützung suche.	… in Ruhe nachdenke.
____________	____________	____________

Ich habe eine Familie

Es gibt unterschiedliche Arten von Familien. Sie bestehen nicht immer aus Mutter, Vater und Kind.

1 Wer gehört zu deiner Familie? Male.

2 Welche verschiedenen Arten von Familien kennst du? Schreibe auf.

Zuhause

So, wie nicht jedes Kind die gleiche Art von Familie hat, so wohnt auch jedes Kind anders. Dabei unterscheidet sich das Zuhause von dir und anderen Kindern nicht nur darin, in welchem Land du lebst, sondern auch dadurch, was zu deinem Zuhause gehört, zum Beispiel ein Garten.

1 So sieht mein Zuhause aus. Male das Haus, in dem du wohnst.

2 Vergleiche dein Zuhause mit dem des Mädchens aus dem Krisengebiet. Welche Gemeinsamkeiten und Unterschiede gibt es? Schreibe auf.

Gemeinsamkeiten: ______________________________

Unterschiede: ______________________________

Freundschaften

Neben der Familie spielen auch Freundschaften eine wichtige Rolle im Leben eines Menschen.

1 Was verbindest du mit dem Wort „Freundschaft“? Schreibe Stichwörter.

2 Welche fünf Eigenschaften sind dir an deinem Freund oder deiner Freundin besonders wichtig? Kreise ein.

ehrlich lustig cool mutig hilfsbereit

gleiche Hobbys hat immer Zeit nett gut in der Schule sein

sollte die gleiche Meinung haben wie ich tröstet mich

3 Freundschaft gibt es nicht nur zwischen zwei Mädchen oder Jungen. Welche Arten von Freundschaften kennst du noch? Mit wem könnte man sonst noch befreundet sein? Male.

Ein guter Freund oder eine gute Freundin

Gute Freundschaften können ein Leben lang halten. Sie sind wichtig, denn sie können dich stärken. Außerdem können sie dir helfen, wenn es dir mal nicht so gut geht.

1 Was ist dir an einer guten Freundschaft wichtig? Schreibe in Stichworten.

2 Woran erkennt man eine gute Freundschaft? Lies, was die Kinder sagen. Male alle Sprechblasen, die du richtig findest, hellgrün an.

3 Lia und Umut haben sich gestritten. Male alle Möglichkeiten grün an, die den beiden dabei helfen könnten, sich wieder zu versöhnen.

- Entschuldigung annehmen
- überlegen, wie sich das andere Kind fühlen könnte
- gemein zu dem anderen Kind sein
- sich aus dem Weg gehen
- sich ignorieren
- sich laut anschreien
- die Freundschaft beenden
- Entschuldigung ablehnen

- erzählen, wie ich mich fühle
- gemeinsam nach einer Lösung suchen
- Hilfe bei einer anderen Person holen
- sich entschuldigen

4 Um sich zu versöhnen, ist eine Entschuldigung meist ein wichtiger Schritt. Woran könntest du eine ernst gemeinte Entschuldigung erkennen?

5 Umut möchte sich bei Lia für die Verspätung entschuldigen. Wie könnte er das tun? Schreibe in Stichworten auf.

In der Schule

Für dich war es ganz normal, dass nach dem Kindergarten deine Einschulung war. In die Schule zu gehen und Lesen, Schreiben und Rechnen zu lernen, ist in Europa und vielen Ländern selbstverständlich. Es gibt aber auch Länder, in denen ist das leider nicht so. Dort können viele arme Familien ihre Kinder nicht in die Schule schicken. Auch gibt es immer noch Länder, in denen Mädchen die Schule nicht besuchen dürfen.

1 Betrachte das Bild. Vergleiche den Klassenraum mit deinem Klassenraum. Welche Gemeinsamkeiten und Unterschiede gibt es? Schreibe auf.

Gemeinsamkeiten	Unterschiede

2 Für welche Gegenstände in deinem Klassenraum bist du dankbar, dass es sie gibt? Schreibe auf.

In der Freizeit

Freizeit nutzt jedes Kind unterschiedlich. Manche Kinder gehen ihren Hobbys nach, andere möchten entspannen. Was machst du, wenn du nicht in der Schule bist?

1 Wie sieht dein Traumnachmittag oder dein Traumwochenende aus? Wie sehen deine Traumferien aus? Suche dir einen Zeitraum aus und erzähle. Was würdest du machen? Wer wäre dabei? Wo wärst du oder wärt ihr?

2 Stell dir nun vor, du wärst ein armes Kind. Wie würde dein Traumnachmittag oder dein Traumwochenende aussehen? Oder wie würden deine Traumferien aussehen? Warum?

Das Übungsheft Mathematik 3

Denk- und Rechentraining

Mit dem Übungsheft Mathematik 3 werden die Grundlagen für Mathematik trainiert.
Geübt werden verstärkt Multiplikation sowie Addition und Subtraktion.

- Produktives Üben mit System: abwechslungsreich und motivierend
- Rechenwege + Rechentricks für komplexere Lösungswege
- Die Rätselseiten: die Lieblingsseiten der Kinder
- Rechenmeister – Lernstandsüberprüfung
- Aufgaben aus den Bereichen Geometrie und Sachrechnen
- Mit Lernsoftware und Sticker-Belohnungssystem

Das Übungsheft Mathematik 3

84 S., vierf., Gh, 14,8 x 22 cm,
mit Lösungsheft (24 S., vierf.) und Stickerbogen
ISBN 978-3-619-35454-2, Bestell-Nr. 3504-54

www.mildenberger-verlag.de/186

Das Übungsheft Deutsch 3

Rechtschreib- und Grammatiktraining

Das Übungsheft Deutsch ist der ideale Trainingsbegleiter im Fach Deutsch. Selbstständig können die Kinder die wichtigsten Inhalte der 3. Klasse üben.

Gezielt trainiert werden die notwendigen Teilkompetenzen, z. B.:

- in sich abgeschlossene, kleine, motivierende Lern -und Übungsportionen
- beiliegendes Lösungsheft zur Selbstkontrolle
- Deutschmeister-Seiten fragen das zuvor Erarbeitete ab
- Deutsch-Bonbon-Seiten bringen zusätzlichen Spaß
- lehrwerksunabhängig oder in Verbindung mit ABC der Tiere einsetzbar
- mit Sticker-Belohnungssystem

Das Übungsheft Deutsch 3

64 S., vierf., Gh, 17 x 24 cm, mit Stickerbogen und Lösungsheft
ISBN 978-3-619-34170-2, Bestell-Nr. 3401-70

www.mildenberger-verlag.de/190

Das Übungsheft Musik 3 / 4

Klänge, Instrumente, Komponisten

Das Übungsheft Musik widmet sich 3 Themenschwerpunkten, die für die Jahrgangsstufen der Klasse 3 und 4 von hoher Bedeutung sind: Notenlehre, Instrumentenkunde und Komponisten.

Mithilfe von abwechslungsreichen Aufgabenstellungen üben die Kinder u. a.:

- Rhythmusbausteine zu klatschen und zuzuordnen
- Rhythmen und Melodien zu erfinden
- Instrumente in Gruppen einzuordnen und zu unterscheiden
- repräsentative Werke von bekannten Komponisten kennenzulernen

Das Übungsheft Musik 3 / 4

64 S., vierf., Gh, 17 x 24 cm,
mit Stickerbogen, Lösungsheft (16 S.) und Audio-CD
ISBN 978-3-619-37289-8, Bestell-Nr. 3702-89

www.mildenberger-verlag.de/799

4 5 6 7 8
9 10 11 12 13
15 16 17 18 19
20 21 22 23 25
26 27 28 29 30
31 32 33 35 36
37 38 39 40 41
42 43 45 46 47
48 49 50 51 52
Yousafzai Schule

Philosophieren – was ist das und wie macht man das?

Du hast bestimmt schon einmal philosophiert, ohne es bemerkt zu haben. In der Philosophie geht es darum, Fragen zu stellen. Aber keine Fragen wie „Was ergibt 5 mal 8?“ oder „Worin unterscheiden sich Katzen von Hunden?“. Stattdessen stellt man dabei Fragen wie „Was ist Liebe?“ oder „Ist es okay, Tiere zu essen?“. Das Großartige, aber auch Schwierige an diesen philosophischen Fragen ist, dass es keine genauen oder richtigen Antworten darauf gibt. Jeder Mensch kann sich dazu seine eigenen Gedanken machen und einer Begründung zustimmen oder nicht.

Doch was hat Philosophie nun mit deinem Leben zu tun?

Philosophie kann dabei helfen, alles besser zu verstehen: uns Menschen, unser Leben und die Welt. Indem sich Menschen immer wieder philosophische Fragen stellen und sich austauschen, können neue Ideen entstehen. Außerdem kannst du viel über dich lernen, wenn du dich zum Beispiel fragst „Wer bin ich?“ oder „Was ist mir wichtig im Leben?“.

Philosophieren mit dem 5-Finger-Modell

Deine Hand kann dir dabei helfen, zu einem Thema die philosophischen Fragen zu stellen. Mit jedem Finger stellst du dir bestimmte Fragen zu einem Thema.

Dafür- und dagegensprechen
Was spricht dafür, was dagegen?
Was überzeugt mich mehr?

Sich hineinversetzen
Was denken andere?
Wie ist etwas gemeint?
Wie kam es dazu?

Einzelheiten klären und erforschen
Was genau bedeutet das?
Aus welchen Einzelteilen ist es aufgebaut?
Wie kam es dazu?

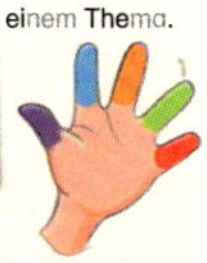

Fantasieren und weiterdenken
Was wäre, wenn…? Was könnte passieren?
Könnte es auch ganz anders sein?

Genau hinschauen
Was sehe ich?

Erster Finger: Genau hinschauen

Beim ersten Finger beschäftigst du dich mit diesen Fragen:

Was sehe ich?

Was ist das?

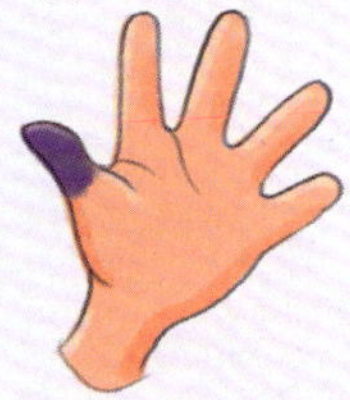

Bei dem ersten Finger geht es also immer darum, etwas genau zu betrachten und zu beschreiben. Wichtig ist dabei, dass du nur das, was du siehst, beschreibst. Du bewertest also nicht, indem du zum Beispiel sagst, wie du das Gesehene findest. Auch erfindest du nichts dazu, was du nicht siehst.

1 Schau dir das Bild auf der rechten Seite an.
Such dir ein Kind aus und beschreibe es.

Die Person ganz rechts ist ein Mädchen. Sie steht aufrecht und schaut zu den beiden Kindern neben sich. Sie hat rot-blonde Haare und leicht rote Backen. Außerdem trägt sie ein blaues T-Shirt mit kurzen Ärmeln und einen rosafarbenen Rock sowie weiße Turnschuhe.

(Beispiellösung)

2 Lies dir die Beschreibungen von Theo und Lisa durch. Welche der beiden Beschreibungen passt zum ersten Finger? Kreuze an.

Der Junge trägt eine grüne Hose. Er hat eine Kappe auf dem Kopf. Sein T-Shirt ist weiß mit blauen Rändern. Er hat schöne Turnschuhe an. Diese trägt er bestimmt, da er gerne Sport macht.	Der Junge trägt eine grüne Hose. Er hat eine Kappe auf dem Kopf. Sein T-Shirt ist weiß mit blauen Rändern. Er hat weiße Schuhe an.
☐	☒

Zweiter Finger: Einzelheiten klären und erforschen

Beim zweiten Finger beschäftigst du dich mit diesen Fragen:

Was genau bedeutet das?

Aus welchen Einzelheiten ist es aufgebaut?

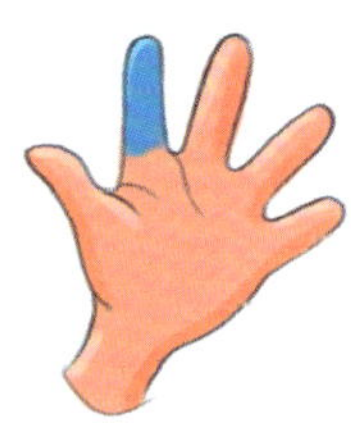

Bei dem zweiten Finger wirst du zum Forscher oder zur Forscherin: Es geht bei diesem Finger immer darum, dass du etwas Ganzes in seine Einzelteile zerlegst und es genauer erforschst. So kannst du dir einen genaueren Überblick verschaffen und weitere Entscheidungen treffen. Du versuchst dabei, zu verstehen, was du siehst.

1 Schau dir das folgende Bild an. So sehen manche Schulen auf dem Land in Afrika aus.

2 Worin besteht der Unterschied zu deiner Schule?

Meine Schule ist in einem Gebäude. Jede Klasse hat ein Klassenzimmer. Wir sitzen auf Bänken zu zweit an einem Tisch. Unsere Klasse ist größer. Alle Kinder haben einen Schulranzen.

3 Welche Gemeinsamkeiten erkennst du?

Es gibt ebenfalls Tische, eine Tafel, eine Lehrkraft und Bänke oder Stühle. Es wird mit Kreide an die Tafel und mit Stiften auf Papier geschrieben.

Dritter Finger: Dafür- und dagegensprechen

Beim dritten Finger beschäftigst du dich mit den Fragen:

Was spricht dafür?
Und was dagegen?

Was überzeugt mich mehr?

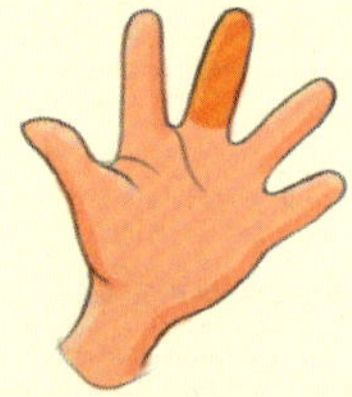

Bei dem dritten Finger beschäftigst du dich mit den Argumenten zu einem Thema. Dabei prüfst du diese darauf, ob du der gleichen Meinung bist. Danach entscheidest du dich dafür oder dagegen. Im Anschluss versuchst du zu beurteilen, ob die Entscheidung die richtige war.

1 Finde Gründe dafür, dass auch Jungen Nagellack tragen dürfen.

Jungen und Mädchen haben die gleichen Rechte. Alle dürfen mit ihren Fingernägeln tun, was sie möchten. Den anderen muss der Nagellack nicht gefallen. Sie müssen ihn nicht beachten.

2 Finde Gründe dagegen, dass auch Jungen Nagellack tragen dürfen.

Nagellack wurde für Mädchen erfunden, nicht für Jungen. Mädchen steht er auch besser. Viele Jungen machen sich schneller dreckig, sodass ihre lackierten Nägel schneller kaputt gehen könnten.

3 Was ist deine Meinung? Begründe.

Ich finde, Jungen sollten auch Nagellack tragen dürfen. Da Jungen und Mädchen die gleichen Rechte haben, dürfen auch Jungen Nagellack tragen. Es muss anderen Menschen ja nicht gefallen. Sie müssen die bemalten Nägel nicht beachten, wenn sie Nagellack nicht mögen. Der Nagellack muss schließlich nur der Person gefallen, die ihn trägt. Jedem Menschen darf etwas anderes gefallen.

Vierter Finger: Sich hineinversetzen

Beim vierten Finger beschäftigst du dich mit diesen Fragen:

Was denken andere?

Wie ist etwas gemeint?

Wie kam es dazu?

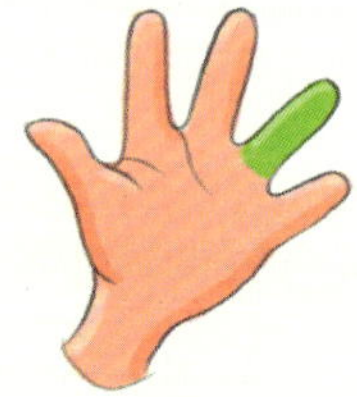

Bei dem vierten Finger versuchst du dich in eine andere Person hineinzuversetzen. Dabei versuchst du zum Beispiel die Gefühle oder Gründe der Person zu verstehen. Danach kann es durchaus sein, dass du manches vielleicht anders siehst.

1 Heiko wirft im Vorübergehen das Mäppchen von Nardos herunter und läuft weiter, ohne sich zu entschuldigen oder die Stifte aufzuheben. Was denkst du: Wie fühlt sich Nardos? Begründe.

Nardos könnte wütend werden oder sich rächen, weil Heiko das Mäppchen heruntergeworfen hat und sich nicht entschuldigt. Er könnte denken, dass es Absicht war. Für Nardos ist das ärgerlich.

2 Schau dir die Situation an. Wie fühlt sich nun Heiko, nachdem Nardos ihn angemotzt hat? Schreibe auf.

Heiko ist traurig, weil Nardos ihn angemotzt hat. Es tut ihm leid, denn er hat das Mäppchen nicht absichtlich heruntergeworfen.

Fünfter Finger: Fantasieren und weiterdenken

Beim fünften Finger beschäftigst du dich mit den Fragen:

Was wäre, wenn …?
Was könnte passieren?

Könnte es auch ganz anders sein?

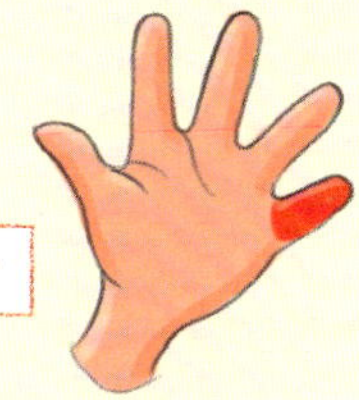

Bei dem fünften Finger sind deine Fantasie und Kreativität gefragt, indem du über Alternativen nachdenkst. Hierbei sind dir keine Grenzen gesetzt, denn es gibt kein Richtig oder Falsch.

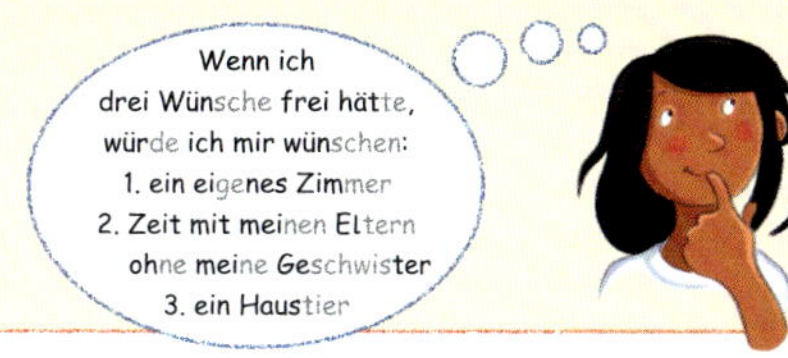

1 Stell dir vor, du könntest einen Tag lang ein Tier sein. Welches Tier wärst du gern und warum?

Ich wäre gern eine Katze, dann würde ich besser hören und gestreichelt sowie gefüttert werden. Ich hätte schönes Fell und dürfte lange wach bleiben. (Beispiellösung)

Der 1. Ethikmeister

20 min

Auf den folgenden beiden Seiten kannst du überprüfen, wie gut du das Kapitel **„Philosophieren mit dem Fünf-Finger-Modell"** verstanden hast.

1 Stimmen die Aussagen oder nicht? Kreuze an.

	Stimmt	Stimmt nicht
Wenn ich philosophiere, dann überlege ich zum Beispiel, ob eine Rechnung richtig gerechnet wurde.	☐	☒
Philosophische Fragen hinterfragen unsere Welt.	☒	☐
„Was ist Freundschaft?" ist eine philosophische Frage.	☒	☐
Das „Fünf-Finger-Modell" kann helfen, die richtigen Fragen zu einem philosophischen Thema zu stellen.	☒	☐
Philosophie kann dabei helfen, uns Menschen, unser Leben und die Welt besser zu verstehen.	☒	☐

2 Ordne die Fragen den passenden Fingern zu. Male dazu die Rahmen in der entsprechenden Farbe an.

Fragen	Finger
Was genau bedeutet das? Aus welchen Einzelheiten besteht es?	Genau hinschauen
Was wäre, wenn …? Was könnte passieren?	Einzelheiten klären und erforschen
Was sehe ich? Was ist das?	Dafür- und dagegensprechen
Was spricht dafür und dagegen? Was überzeugt mich mehr?	Sich hineinversetzen
Was denken andere? Wie ist es gemeint? Wie kam es dazu?	Fantasieren und weiterdenken

3 Lies dir die Beispielaufgaben durch. Streiche den falschen Kasten durch.

Aufgabe		
Erfinde eine Maschine, die anderen Menschen helfen kann. Was kann deine Maschine Besonderes?	~~Dafür- und dagegensprechen~~	Fantasieren und weiterdenken
Entscheide, ob man in einer guten Freundschaft auch lügen darf.	Dafür- und dagegensprechen	~~Sich hineinversetzen~~
Was verbindest du mit dem Wort „Freundschaft"?	Einzelheiten klären und erforschen	~~Genau hinschauen~~
Was könnte Luna darüber denken, dass Vito sie bei der Lehrerin verpetzt hat?	~~Dafür- und dagegensprechen~~	Sich hineinversetzen

4 Wie heißt der Finger, zu dem die jeweilige Aufgabe gehört? Ergänze.

Beispielaufgabe	Name des Fingers
Stell dir vor, du hättest Wünsche frei. Was würdest du dir wünschen?	Fantasieren, weiterdenken
Sei der Spiegel für ein anderes Kind und beschreibe es.	Genau hinschauen
Wie könnte sich Lino gefühlt haben?	Sich hineinversetzen
Entscheide, ob es schlimm ist, zu verlieren.	Dafür- und dagegensprechen
Warum sollte man überlegen, bevor man sich Haustiere zulegt?	Einzelheiten klären, erforschen

Du hast ___ von 19 Antworten richtig.

Was ich kann – was ich nicht kann

Wenn es darum geht, was jemand gut kann oder nicht gut kann, dann spricht man oft von Stärken und Schwächen. Dabei meint Stärke nicht nur Muskelkraft. Auch du hast Stärken – das sind Dinge, die du besonders gut kannst. Du darfst stolz auf sie sein.

1 Färbe die Rahmen von Stärken gelb und von Schwächen blau ein.

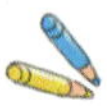

Jaro weiß viel über Leichtathletik. (gelb)

Imran zeichnet fantasievolle Bilder. (gelb)

Theo hält sich oft nicht an Regeln. (blau)

Lotta kommt häufig zu spät zum Unterricht. (blau)

Rahel kann sehr gut zuhören, wenn ihre Freunde von Problemen erzählen. (gelb)

2 Was bedeuten die Begriffe „Stärke" und „Schwäche" für dich? Erkläre.

Stärke ist für mich etwas, das ich bereits gut kann.

Schwäche ist für mich etwas, worin ich besser werden kann.

(Beispiellösung)

3 Welche Stärken und Schwächen hast du? Fülle die Tabelle aus.

Darin sehe ich meine Stärken	Darin sehe ich meine Schwächen
Ich kann sehr gut	Ich kann noch nicht so gut
Ich kann gut	Ich muss noch mehr üben, dass
Darauf bin ich stolz:	Darin kann ich mich noch verbessern:

(individuelle Lösung)

Jeder Mensch kann andere Dinge

Es gibt sehr viele Menschen auf dieser Welt. Etwa ein Viertel davon sind Kinder. Unter ihnen gibt es bestimmt welche, die so alt sind wie du, so groß sind wie du oder vielleicht auch die gleichen Stärken haben wie du. Doch selbst wenn jemand dir sehr ähnlich ist: Dich und deinen Fingerabdruck gibt es nur ein einziges Mal auf dieser Welt!

1 Nimm dir ein Stempelkissen oder etwas Tinte und färbe damit einen Finger ein. Mache nun einen Fingerabdruck:

Mein Fingerabdruck Fingerabdruck von

Hier kannst du dir von einem anderen Kind einen Fingerabdruck geben lassen und eure Fingerabdrücke vergleichen.

(individuelle Lösung)

2

Nummeriere, in welcher Reihenfolge die Tiere ins Ziel kommen.

6 Schnecke 5 Faultier 2 Zebra (65 km/h) 7 Fisch*

1 Gepard 4 Panda 3 Eule (50 km/h)

*Der Fisch kommt nicht ins Ziel.

3 Begründe, warum gerade dieses Tier das Rennen gewinnt.

Der Gepard gewinnt das Rennen, weil er das schnellste Tier ist, das am Boden lebt.

4

Wenn du der Fisch wärst: Wie würdest du dich fühlen? Warum?

Ich würde das Rennen unfair finden, weil es auf dem Land stattfindet und ich nicht auf dem Land laufen kann. Dabei kann ich schnell schwimmen.

5 Bei welchem Wettkampf würdest du dich als Fisch gerechter behandelt fühlen?

Es wäre gerechter, wenn meine Strecke im Wasser wäre und die anderen Tiere am Boden teilnehmen. Die Eule sollte zudem in der Luft teilnehmen dürfen.

6 Stell dir vor, alle 8 Milliarden Menschen auf der Welt könnten die gleichen Dinge gut oder nicht gut. Wie fändest du das? Begründe.

Wenn alle Menschen das Gleiche gut oder nicht gut könnten, wäre alles langweiliger, weil niemand mehr besonders wäre. Die Menschen könnten sich dann außerdem nicht gegenseitig helfen. Das fände ich nicht so gut.

Was ich mir wünsche – wovor ich mich fürchte

Jeder Mensch hat Wünsche. Doch leider gehen Wünsche nicht immer in Erfüllung. Zwar kannst du dir selbst Wünsche erfüllen, indem du etwas dafür tust. Bei den meisten Wünschen hat man jedoch keinen Einfluss darauf, ob sie in Erfüllung gehen. Das hängt manchmal von Geld, einem anderen Menschen oder einem anderen Einfluss ab.

1 Was kann man kaufen, was nicht? Sortiere alle käuflichen (materiellen) und nicht käuflichen (immateriellen) Wünsche in die Tabelle ein.

Spielzeug Freunde Mäppchen Familie Gesundheit glücklich sein Smartphone Spielekonsole

Wünsche, die ich mir kaufen kann	Wünsche, die ich mir **nicht** mit Geld kaufen kann
Spielzeug	Freunde
Mäppchen	Familie
Smartphone	Gesundheit
Spielekonsole	glücklich sein

2 Du hast vier Wünsche frei – zwei materielle und zwei immaterielle Wünsche. Was wünschst du dir? Schreibe auf.

Glück | Erfolg | Fahrrad | Haustier

(Beispiellösung)

3 Umkreise in Gelb alle deine Wünsche, die du dir kaufen kannst.

4 Stell dir vor, es gäbe eine Welt, in der jeder Wunsch erfüllt wird. Wie wäre diese Welt für dich? Begründe.

Sie wäre toll, weil alle bekämen, was sie sich wünschen. Bei materiellen Wünschen wäre dann Geld egal. Bei immateriellen Wünschen könnte alles wahr werden.

Sie wäre schlecht, weil sich niemand für etwas anstrengen müsste. Alle Menschen hätten dann schon alles. Außerdem würde niemand mehr an sich arbeiten.

5 Können in unserer Welt alle Wünsche erfüllt werden? Begründe.

Nein, denn es gibt niemanden, der alle Wünsche erfüllen kann. Zudem könnten die Wünsche des einen schlecht für den anderen oder sogar alle sein.

6 Lies die Sätze. Was könnten sich die Kinder wünschen?

Ben ist neidisch auf die neue Spielekonsole seiner Freundin Zahin.

Ben wünscht sich, dass er auch eine Spielekonsole erhält.

Erics Bruder ist krank.

Eric wünscht sich, dass sein Bruder schnell gesund wird.

Tonis Eltern kommen oft sehr spät von der Arbeit nach Hause.

Toni wünscht sich, dass seine Eltern mehr Zeit für ihn haben und nicht spät von der Arbeit nach Hause kommen.

Wie ich fühle

Jeder Mensch hat Gefühle. So kannst du dich zum Beispiel glücklich, traurig, wütend, enttäuscht oder stolz fühlen. Wie du dich fühlst, hängt dabei häufig davon ab, was dir gerade passiert und ob du es magst oder nicht.

1 In welcher Situation warst du glücklich, wütend oder traurig? Beschreibe. Male den Körper in einer Farbe an, die für dich zu dem Gefühl passt.

In dieser Situation war ich glücklich:

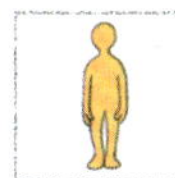

In dieser Situation war ich wütend:

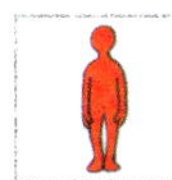

In dieser Situation war ich traurig:

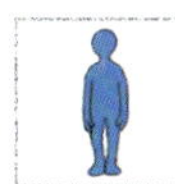

(individuelle Lösung)

2 Woran kannst du erkennen, dass jemand wütend ist? Sieht das bei jedem Menschen gleich aus?

Man erkennt es, wenn jemand schreit, aggressiv, unfreundlich, böse oder unruhig ist oder die Augen weit öffnet. Bei jedem sieht das etwas anders aus.

3 Wie fühlt sich das jeweilige Kind? Begründe, woran du das Gefühl erkannt hast.

Das Kind ist fröhlich, weil es lächelt und beim Lachen seine Augen leicht schließt.

Das Kind ist wütend, weil es seine Hände zu Fäusten ballt, nicht lächelt und böse schaut.

Das Kind ist traurig, weil es seinen Kopf aufstützt und die Mundwinkel nach unten zeigen.

Das Kind ist glücklich, weil es lächelt, die Augen geschlossen hat und die Arme freudig nach oben hält.

Ich fühle mich besser, wenn …

Manchmal passiert etwas, sodass du dich nicht gut fühlst. Dich kann zum Beispiel etwas wütend oder traurig machen. Dann ist es gut, wenn du weißt, wie du dir selbst oder jemand anderes dir helfen kann, damit es dir wieder besser geht.

1 Stell dir vor, du wärst das jeweilige Kind. Was kannst du tun, damit du dich besser fühlst?

Ich kann mit ihr sprechen und fragen, was los war.

Ich könnte mich entschuldigen und höflich nach dem Ball fragen.

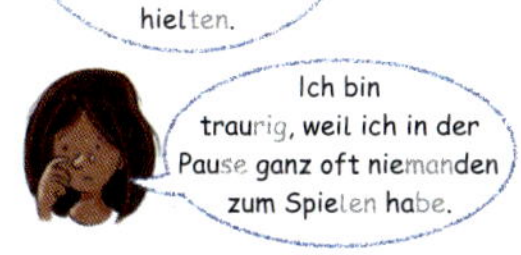

Ich kann andere fragen, ob ich mit ihnen spielen darf.

2 Wer könnte dir helfen, wenn du es allein nicht schaffst, dich besser zu fühlen? Schreibe in Stichworten.

In der Schule: Lehrkraft, Freundinnen und Freunde

In der Freizeit: Eltern, Freundinnen und Freunde

Der 2. Ethikmeister

1 Stärken können sich nicht nur auf etwas beziehen, das du gut kannst. Stärken kannst du in vielen Bereichen haben. Ergänze deine Stärken, indem du die Sätze beendest.

Es fällt mir leicht, ______.

Ich werde oft gefragt, wenn es um ______.

Mich begeistert ______.

2 Wie fühlt es sich an, wenn du dir deine Stärken in Aufgabe **1** durchliest? Beschreibe das Gefühl.

______

3 An Schwächen kannst du arbeiten, indem du dir Ziele setzt. Lies dir durch, was du bei Aufgabe **3** auf Seite 16 geschrieben hast. Suche dir zwei Schwächen heraus und überlege dir passende Ziele.

1. Darin sehe ich meine Schwäche: ______.

Das ist mein Ziel: ______

2. Darin sehe ich meine Schwäche: ______.

Das ist mein Ziel: ______

 (individuelle Lösung)

4 Welcher Satz stimmt? Kreuze an:

☐ Schwächen bleiben für immer Schwächen.

☒ Ich kann versuchen, an Schwächen zu arbeiten.

5 Muss jeder Mensch alles gleich gut können? Begründe deine Meinung.

Wenn alle alles gleich gut könnten, wäre kein Mensch mehr einzigartig. Viele würden einander nicht mehr helfen, weil niemand etwas besser könnte. (Beispiellösung)

6 In diesem Kapitel hast du dich auch mit deinen Gefühlen in verschiedenen Situationen beschäftigt und erarbeitet, was dich traurig oder wütend macht. Suche fünf Ideen heraus und ergänze drei, die dir helfen, dich in unangenehmen Situationen besser zu fühlen. Male die Felder aus.

Wenn ich traurig oder wütend bin, dann hilft es mir, wenn ich …

… versuche, an etwas Schönes zu denken.	… jemanden umarme.	…spazieren gehe.
… eine Faust mache.	… tief durchatme.	… mit jemandem darüber spreche.
… mich kurz zurückziehe.	… an die Luft gehe und laut schreie.	… einen Stressball knete.
… anschließend Musik höre.	… mir Unterstützung suche.	… in Ruhe nachdenke.
______	______	______

Du hast ___ von 19 Antworten richtig. (individuelle Lösung)

Ich habe eine Familie

Es gibt unterschiedliche Arten von Familien. Sie bestehen nicht immer aus Mutter, Vater und Kind.

1 Wer gehört zu deiner Familie? Male.

(individuelle Lösung)

2 Welche verschiedenen Arten von Familien kennst du? Schreibe auf.

Mama, Papa, Kind(er) aus früherer Beziehung (Patchworkfamilie)	Nur ein Elternteil mit Kind(ern) (Eineltern- oder Alleinerziehendenfamilie)
Kind(er) mit zwei Mamas oder zwei Papas (Regenbogenfamilie)	Mama, Papa mit Kind(ern) von anderen Eltern (Pflege- oder Adoptivfamilie)
Mama und Papa mit Kind(ern) (Kernfamilie)	Mama und Papa nicht verheiratet, mit Kind(ern) (Unverheiratetenfamilie)

 (Beispiellösung)

Zuhause

So, wie nicht jedes Kind die gleiche Art von Familie hat, so wohnt auch jedes Kind anders. Dabei unterscheidet sich das Zuhause von dir und anderen Kindern nicht nur darin, in welchem Land du lebst, sondern auch dadurch, was zu deinem Zuhause gehört, zum Beispiel ein Garten.

1 So sieht mein Zuhause aus. Male das Haus, in dem du wohnst.

(individuelle Lösung)

2 Vergleiche dein Zuhause mit dem des Mädchens aus dem Krisengebiet. Welche Gemeinsamkeiten und Unterschiede gibt es? Schreibe auf.

Gemeinsamkeiten: Haus, Bäume, Platz zum Spielen

Unterschiede: Schaden, Sicherheit, Bombenalarm

Freundschaften

Neben der Familie spielen auch Freundschaften eine wichtige Rolle im Leben eines Menschen.

1 Was verbindest du mit dem Wort „Freundschaft“? Schreibe Stichwörter.

gemeinsame Erlebnisse

einander vertrauen

zusammenhalten

einander helfen

(Beispiellösung)

2 Welche fünf Eigenschaften sind dir an deinem Freund oder deiner Freundin besonders wichtig? Kreise ein.

ehrlich lustig cool mutig hilfsbereit

gleiche Hobbys hat immer Zeit nett gut in der Schule sein

sollte die gleiche Meinung haben wie ich tröstet mich

(individuelle Lösung)

3 Freundschaft gibt es nicht nur zwischen zwei Mädchen oder Jungen. Welche Arten von Freundschaften kennst du noch? Mit wem könnte man sonst noch befreundet sein? Male.

Mädchen + Junge	mehrere Kinder	Kind + Haustier	Brieffreundschaft

Ein guter Freund oder eine gute Freundin

Gute Freundschaften können ein Leben lang halten. Sie sind wichtig, denn sie können dich stärken. Außerdem können sie dir helfen, wenn es dir mal nicht so gut geht.

1 Was ist dir an einer guten Freundschaft wichtig? Schreibe in Stichworten.

Zusammenhalt, Hilfe leisten, Ehrlichkeit, gemeinsame Erlebnisse

2 Woran erkennt man eine gute Freundschaft? Lies, was die Kinder sagen. Male alle Sprechblasen, die du richtig findest, hellgrün an.

Ein echter Freund darf meine Geheimnisse weitererzählen.

Einer echten Freundin kann ich alles erzählen und brauche keine Angst vor der Reaktion haben. (grün)

Ein echter Freund sollte viele Spielzeuge haben, damit es uns nicht langweilig wird.

Echte Freunde halten immer zusammen. (grün)

Freunde sollten immer ehrlich zueinander sein und sich nicht anlügen. (grün)

Eine echte Freundin hört mir zu und tröstet mich, wenn es mir nicht gut geht. (grün)

Echte Freunde sollten nicht miteinander streiten.

Echte Freunde sollten immer die gleiche Meinung haben.

3 Lia und Umut haben sich gestritten. Male alle Möglichkeiten grün an, die den beiden dabei helfen könnten, sich wieder zu versöhnen.

- **Entschuldigung annehmen** (grün)
- **überlegen, wie sich das andere Kind fühlen könnte** (grün)
- gemein zu dem anderen Kind sein
- sich aus dem Weg gehen
- **erzählen, wie ich mich fühle** (grün)
- sich ignorieren
- **gemeinsam nach einer Lösung suchen** (grün)
- sich laut anschreien
- **Hilfe bei einer anderen Person holen** (grün)
- die Freundschaft beenden
- Entschuldigung ablehnen
- sich entschuldigen

4 Um sich zu versöhnen, ist eine Entschuldigung meist ein wichtiger Schritt. Woran könntest du eine ernst gemeinte Entschuldigung erkennen?

Vielleicht daran, dass man es ernst sagt und meint, sich in einem ehrlichen Ton entschuldigt, einander die Hand reicht und sich danach weiterhin trifft.

5 Umut möchte sich bei Lia für die Verspätung entschuldigen. Wie könnte er das tun? Schreibe in Stichworten auf.

das Gespräch suchen

einen Brief schreiben

ein Geschenk als Entschuldigung

eine Textnachricht schreiben

In der Schule

Für dich war es ganz normal, dass nach dem Kindergarten deine Einschulung war. In die Schule zu gehen und Lesen, Schreiben und Rechnen zu lernen, ist in Europa und vielen Ländern selbstverständlich. Es gibt aber auch Länder, in denen ist das leider nicht so. Dort können viele arme Familien ihre Kinder nicht in die Schule schicken. Auch gibt es immer noch Länder, in denen Mädchen die Schule nicht besuchen dürfen.

1 Betrachte das Bild. Vergleiche den Klassenraum mit deinem Klassenraum. Welche Gemeinsamkeiten und Unterschiede gibt es? Schreibe auf.

Gemeinsamkeiten	Unterschiede
alle sitzen an Tischen im Klassenzimmer, alle haben Stifte und Blätter	keine Stühle, Tische sind kleiner, weniger Kinder, keine Mädchen

2 Für welche Gegenstände in deinem Klassenraum bist du dankbar, dass es sie gibt? Schreibe auf.

Ich bin dankbar für Stühle, Bilder und Poster an der Wand und die vielen Kinder in meiner Klasse.

Das Übungsheft Ethik 3 – Lösungen (Seite 32 – 35)

In der Freizeit

Freizeit nutzt jedes Kind unterschiedlich. Manche Kinder gehen ihren Hobbys nach, andere möchten entspannen. Was machst du, wenn du nicht in der Schule bist?

1 Wie sieht dein Traumnachmittag oder dein Traumwochenende aus? Wie sehen deine Traumferien aus? Suche dir einen Zeitraum aus und erzähle. Was würdest du machen? Wer wäre dabei? Wo wärst du oder wärt ihr?

2 Stell dir nun vor, du wärst ein armes Kind. Wie würde dein Traumnachmittag oder dein Traumwochenende aussehen? Oder wie würden deine Traumferien aussehen? Warum?

(individuelle Lösung)

Füreinander da sein

Es gibt im Leben immer wieder schwierige Situationen, die du vielleicht nicht allein lösen kannst. Dann ist es schön, wenn jemand anderes für dich da ist.

1 Was bedeutet „füreinander da sein" für dich? Finde Beispiele.

für jemanden Zeit haben, Hilfe leisten, Rat geben, nicht alleine lassen, wenn man einander braucht

2 Was kannst du tun, um für jemanden da zu sein?

sich Zeit für jemanden nehmen und reservieren und immer zur Seite stehen

3 Für wen bist du da, wenn es jemandem nicht gut geht? Schreibe auf und finde ein weiteres Beispiel.

Familie:	Eltern, Geschwister und Verwandte
Schule:	Freundschaften und Kameradschaften
Freizeit:	Familie, Freundschaften, Haustiere

4 Wer ist für dich da, wenn es dir nicht gut geht? Schreibe auf und finde ein weiteres Beispiel.

Familie:	Eltern, Geschwister, Verwandte
Schule:	Freundinnen und Freunde, Lehrkräfte
beim Arzt:	Arzt oder Ärztin, Mama oder Papa

(Beispiellösung)

Der 3. Ethikmeister

20 min

1 In diesem Kapitel hast du dich unter anderem mit deinem Zuhause beschäftigt.

Was würdest du an deinem Zuhause gerne ändern wollen? Schreibe auf.

Ich hätte gerne einen Garten oder einen Balkon. Außerdem hätte ich gerne ein größeres Zimmer.

Auf was würdest du nicht verzichten wollen, um dich zu Hause wohlzufühlen? Schreibe auf.

Ein eigenes Zimmer, Mama oder / und Papa, einen Schreibtisch, ein Bett, etwas zu essen

2 Auch das Thema „Freundschaft" war Teil dieses Kapitels. Suche dir vier Regeln aus, die dir besonders wichtig erscheinen und kreuze sie an.

- [ ] Ich sage nicht zu meiner Freundin oder meinem Freund, dass sie oder er nicht mit anderen befreundet sein darf.
- [ ] Ich erzähle keine Gerüchte weiter.
- [ ] Ich darf meine Zeit an einem Tag mit meiner Freundin oder meinem Freund und an einem anderen Tag mit einem anderen Kind verbringen.
- [x] Wir sind manchmal nicht der gleichen Meinung und das ist in Ordnung.
- [ ] Wir müssen nicht die gleichen Dinge mögen, um befreundet zu sein.
- [x] Wir gehen nett miteinander um.
- [x] Ich erzähle keine Geheimnisse weiter.
- [x] Ich lüge meine Freundin oder meinen Freund nicht an.

(Beispiellösung)

3 Eine Klasse ist wie eine Gemeinschaft. Damit diese gut funktionieren kann und sich alle wohlfühlen, ist es wichtig, dass man sich gegenseitig hilft und Aufgaben gemeinsam erledigt.

Überlege dir drei Situationen aus der Klasse, in denen ihr gemeinsam stark wart. Schreibe auf.

(individuelle Lösung)

4 Was könnte mit „ICH + DU = WIR" gemeint sein?

Dass zwei Menschen unzertrennbar sind und zusammenhalten wie in einer Freundschaft. Zu zweit kann man oft mehr erreichen als alleine. (Beispiellösung)

Du hast ___ von 10 Antworten richtig.

Dilemma

Ein Dilemma wird auch als „Zwickmühle" bezeichnet, weil du dich zwischen zwei Auswegen entscheiden musst. Besonders ist dabei aber, dass keine der Lösungsmöglichkeiten perfekt ist. Jede Lösung führt zu einem Ergebnis, mit dem du nicht komplett zufrieden bist.

Dabei geht es nicht darum, dass du dich entscheiden musst, ob du nun Pommes oder ein Eis essen möchtest. Bei einem richtigen Dilemma musst du dich zwischen zwei Werten entscheiden. Werte sind Regeln, die Menschen beachten sollen. Beispiele für Werte sind Ehrlichkeit, Freundlichkeit, Respekt, Fairness, Tierschutz, Umweltschutz, Rechte und vieles mehr.

1 Entscheide, ob es sich um ein Dilemma handelt. Setze ein Häkchen für ja und ein Kreuz für nein.

☒ Tobias hat eine kleine Schwester. Oft möchte Lisa genau die Sachen haben, die er gerade benutzt. Tobias' Mutter sagt dann meistens, dass er seiner Schwester die Sachen abgeben soll. Er sei schließlich der ältere Bruder.

☒ Ella soll nach der Schule direkt nach Hause kommen. Ihre Freundin Aishe fragt sie in der Pause, ob die beiden nach der Schule ein Eis essen wollen. Ella wäre schließlich beim letzten Mal schon nicht dabei gewesen.

☑ Thilo hat auf dem Schulweg beobachtet, wie sein bester Freund ein anderes Kind getreten hat. Am nächsten Morgen spricht ihn die Lehrerin darauf an, denn er wurde bei ihr als Zeuge des Streits genannt.

☑ Nimra schreibt oft Einsen in den Mathearbeiten. Ihrer Freundin Leyla dagegen fällt Mathe schwer. Bei der nächsten Arbeit möchte Nimra ihrer Freundin helfen und sie abschreiben lassen, obwohl das gegen die Klassenregeln verstößt.

Die Geburtstagsparty oder das Meisterschaftsspiel

Nelia ist am Samstag auf den Geburtstag ihres besten Freundes Luke eingeladen. Sie ist die Einzige, die eine Einladung bekommen hat, denn Luke ist sehr schüchtern.

Leider ist am Samstag auch das wichtigste Spiel ihrer Basketballmannschaft. Nelia wirft die meisten Körbe in ihrer Mannschaft. Daher ist sie ein wichtiger Teil, um die Meisterschaft gewinnen zu können.

1 Wer steckt in diesem Dilemma? Schreibe den Namen unten in die Mitte. Welche Möglichkeiten hat dieses Kind? Schreibe in die Denkblasen.

auf die Geburtstagsfeier ihres besten Freundes Luke gehen

am wichtigsten Spiel ihrer Basketballmannschaft teilnehmen

Nelia

2 Warum fällt es dir bei der Geschichte so schwer, dich zu entscheiden? Schreibe auf.

Nelia möchte weder ihren Freund noch ihre Basketballmannschaft enttäuschen. Luke wäre sonst alleine und er ist ihr bester Freund. Für die Mannschaft ist sie wichtig und auch für das Spiel. (Beispiellösung)

3 Stell dir vor, du bist Nelia. Überlege dir, welche Folge oder Folgen deine Entscheidung haben könnte. Schreibe in Stichworten auf.

Nelia geht auf den Geburtstag ihres besten Freundes.

Folge: Mannschaft enttäuscht, verliert Vertrauen

Nelia unterstützt ihre Mannschaft bei dem wichtigsten Spiel der Saison.

Folge: Luke enttäuscht, keine besten Freunde mehr

Nelia geht weder auf den Geburtstag noch zum Spiel.

Folge: beide Seiten enttäuscht, Rolle im Team leidet und ebenso könnte Freundschaft darunter leiden (Beispiellösung)

4 Wie würdest du dich an Nelias Stelle entscheiden? Kreuze an und begründe in Stichworten.

Nelia sollte auf den Geburtstag gehen. ja ☐ nein ☐

Begründung:

Nelia sollte ihre Mannschaft bei dem Spiel unterstützen. ja ☐ nein ☐

Begründung:

Nelia sollte weder zum Geburtstag noch zum Spiel gehen. ja ☐ nein ☐

Begründung:

5 Versetze dich in Luke. Wie könnte er sich fühlen und was könnte er Nelia antworten?

„Es tut mir leid, Luke. Ich kann nicht zu deinem Geburtstag kommen. Wir haben ein wichtiges Spiel, bei dem ich meine Mannschaft unterstützen muss."

Schade, ich hatte mich auf dich gefreut und alles war schon vorbereitet. Aber ich verstehe dich.

6 Versetze dich in Nelias Mannschaftskameradin Matilda. Wie könnte sie sich fühlen und was könnte sie Nelia antworten?

„Es tut mir leid, Matilda. Ich kann nicht zu unserem Spiel kommen. Luke hat Geburtstag. Wenn ich nicht komme, ist er ganz allein."

Schade, wir hätten dich bei dem Spiel gebraucht. Aber ich kann dein Dilemma gut verstehen.

Die Sammelkarten

Jasper ist in der dritten Klasse und dafür bekannt, immer ehrlich zu sein. Das ist ein wichtiger Wert in seiner Familie. Er weiß, dass man Fehler machen darf, aber es wichtig ist, für diese einzustehen und sie auszubügeln.

Jasper packt im Klassenraum nach der Frühstückspause gerade seine Brotdose in den Ranzen, als es zur Pause klingelt. Seine Lehrerin, Frau Stein, hat Pausenaufsicht und verlässt schnell den Raum. Als er nur noch allein mit Ayla und Tom ist, sieht er, wie die beiden an den Ranzen seiner besten Freundin Luna gehen und Sammelkarten entwenden. Jasper verlässt den Raum, als hätte er nichts gesehen, denn die beiden sind die beliebtesten Kinder der Klasse.

Am nächsten Morgen spricht Frau Stein die Klasse mit ernster Stimme an. Sie berichtet, dass gestern aus Lunas Ranzen Sammelkarten entwendet wurden. Beide wären sehr enttäuscht, da sie nicht dachten, dass so etwas in dieser Klasse passieren könnte. Frau Stein sagt, dass diejenigen, welche die Karten genommen haben, ihr dies bitte sagen sollen. Es sei zwar nicht in Ordnung, dennoch würde sie dann auf größere Strafen verzichten. Ihr sei wichtig, dass sich alle weiterhin vertrauen können. Jasper überlegt kurz, ob er etwas sagen soll. Aber er will keine Petze sein und Ayla und Tom verraten, auch wenn er das Verhalten der beiden nicht in Ordnung findet.

Als er am nächsten Morgen herausfindet, dass Ayla und Tom die Sammelkarten noch immer nicht zurückgegeben haben, sondern sich sogar darüber lustig machen, befindet sich Jasper in einer Zwickmühle.

Auf der einen Seite weiß er, dass er seiner Lehrerin, Luna oder seinen Eltern die Wahrheit sagen sollte. Auf der anderen Seite hat er Angst, dass Ayla und Tom auf ihn wütend sein werden und ihn ärgern könnten.

1 Wie könnte sich Jasper entscheiden? Schreibe alle Möglichkeiten auf, die dir einfallen.

Er könnte seiner Lehrerin (und Luna) davon berichten, was er gesehen hat.

Er könnte alles verschweigen.

Er könnte seiner besten Freundin Luna davon berichten.

Er könnte seinen Eltern davon erzählen und sie um Rat bitten.

Er könnte Ayla und Tom erzählen, dass er sie beim Diebstahl beobachtet hat.

(Beispiellösung)

2 Jasper befindet sich in einem Dilemma zwischen verschiedenen Werten. Welche Werte scheinen ihm wichtig zu sein, die ihn in dieses Dilemma bringen? Kreuze diese an.

Ehrlichkeit	☒	Freiheit	☐
Freundschaft	☒	Treue	☒
Gerechtigkeit	☒	Enttäuschung	☐

3 Erkläre, warum es Jasper schwerfällt, sich zu entscheiden.

Obwohl er den Diebstahl beobachtet hat und die Schuldigen kennt, fürchtet er sich vor der Rache der beliebten Kinder Ayla und Tom. Andererseits möchte er Luna helfen und Diebstahl ist Unrecht.

4 Finde Gründe dafür und dagegen, dass Jasper über seine Beobachtungen spricht.

Jasper sollte jemandem sagen, dass Ayla und Tom die Sammelkarten genommen haben, weil	Jasper sollte niemandem sagen, dass Ayla und Tom die Sammelkarten genommen haben, weil
er damit Luna hilft, Diebstahl Unrecht ist und er diesen unterstützt, wenn er nichts sagt.	sich sonst Ayla und Tom rächen könnten, sodass er nicht mehr beliebt in der Klasse sein könnte.

5 Versetze dich in Luna. Wie fühlst du dich, wenn deine Karten aus deinem Ranzen genommen wurden? Begründe.

Ich hätte nicht gedacht, dass mir jemand aus der Klasse etwas stiehlt. Ich will meine Karten zurück! Wer hat sie?

6 Wie würdest du dich an der Stelle von Ayla oder Tim fühlen, wenn jemand verrät, dass du einen Fehler gemacht hast?

Wir hätten nichts stehlen sollen! Ich wäre auch sauer, wenn mir jemand etwas stiehlt. Jetzt gibt's Ärger.

7 Stell dir vor, du bist Jasper. Wie würdest du dich entscheiden? Warum? Begründe deine Entscheidung.

Ich würde Luna und Frau Stein davon erzählen. Luna ist meine Freundin. Ich helfe ihr. Gerechtigkeit soll stärker sein als Angst vor Rache oder davor, als Petze zu gelten. Niemand möchte bestohlen werden.

Der 4. Ethikmeister

20 min

Das Versprechen

Sina und Fridolin sind beste Freunde. Beide gehen in die 3b. Heute bekommen sie die Mathearbeit zurück. Fridolin hat viel für die Arbeit gelernt, doch trotzdem hat er eine 5 geschrieben. So ein Mist! Nach der Schule vertraut er Sina an, dass er Angst vor der Reaktion seiner Eltern hat und sich daher nach der Schule auf dem Spielplatz versteckt. Sina verspricht ihm, dass sie niemandem etwas von seinem Plan verrät.

Zuhause zeigt Sina ihrem Papa ihre gute Note, behält den Plan von Fridolin aber für sich. Gegen Abend ruft die Mutter ihres Freundes an. Sie sei besorgt, weil Fridolin noch nicht zu Hause sei. Nach dem Telefonat fragt Sinas Mutter: „Weißt du, wo Fridolin ist?" Sina weiß nicht, was sie tun soll. Entweder sie verrät ihrer Mutter, wo Fridolin ist und bricht damit das Versprechen, das sie Fridolin gegeben hat. Oder sie lügt ihre Mutter an, um Fridolin nicht zu verraten.

1 Was passiert in der Geschichte? Schreibe in Stichwörtern auf.

Sina hat eine gute Note in Mathe, Fridolin nicht; er versteckt sich, seine Mutter ruft besorgt bei Sina an.

2 Sina befindet sich in einem Dilemma zwischen zwei Werten. Welche beiden Werte scheinen ihr wichtig zu sein, die sie in dieses Dilemma bringen? Kreuze diese an.

- [x] Ehrlichkeit
- [ ] Freundlichkeit
- [x] Freundschaft
- [ ] Gerechtigkeit

3 Versetze dich in Fridolin. Wie fühlst du dich, wenn deine beste Freundin ihr Versprechen bricht und dich verrät? Schreibe auf.

Einerseits schadet das dem Vertrauen in unserer Freundschaft. Andererseits wollte sie helfen.

4 Was denkst du, wie es Fridolins Mama geht, wenn er nach der Schule nicht nach Hause gekommen ist? Schreibe auf.

Ich mache mir Sorgen. Ich hoffe, dass ihm nichts zugestoßen ist. Ich werde mit ihm darüber reden müssen.

5 Stell dir vor, du bist Sina. Wie würdest du dich entscheiden? Warum? Begründe deine Entscheidung.

Ich würde Fridolins Mutter erzählen, wo Fridolin ist und ihr den Grund erklären. Obwohl ich ihn damit verrate und unserem Vertrauen schade, schütze ich ihn vor Schlimmerem. Ihm erkläre ich das auch.

Du hast ___ von 6 Antworten richtig. (Beispiellösung)

Was ich glaube – was ich weiß

Das Wort „Glaube" begegnet dir häufig – dabei hat das Wort verschiedene Bedeutungen. Es bedeutet, dass wir von etwas überzeugt sind: Wir vermuten, dass etwas richtig ist, wissen jedoch oft nicht, ob es tatsächlich so ist. Zudem bedeutet es „Vertrauen": Wir glauben den Worten eines anderen Menschen, ohne sie auf ihre Richtigkeit zu prüfen. Bei „Wissen" hingegen beruft man sich auf Informationen, die bewiesen worden sind.

1 Finde verschiedene Sätze mit dem Wort „glauben" aus deinem Alltag. Ergänze diesen Satzanfang „Ich glaube, dass …"

„… ich noch Milch im Kühlschrank habe."

„… es nächste Woche ein Gewitter geben wird."

„… ich einmal hundert Jahre alt werde."

(Beispiellösung)

2 Welche Kästchen haben etwas mit „glauben" (blau) und welche mit „wissen" (grün) zu tun? Male an.

Timo kann alle 16 Bundesländer von Deutschland aufsagen. (grün)	„Mein Zahn wird morgen beim Essen herausfallen", sagt Timo. (blau)	„Das wird bestimmt die Note 2 in der Arbeit", prahlt Estefania. (blau)
„Meine Mannschaft wird morgen gewinnen", sagt Karl. (blau)	„Die Pause ist in 15 Minuten", stellt Kathrin fest. (grün)	„Wir sind 18 Kinder in der Klasse", sagt die Lehrerin. (grün)

3 Welche beiden Aussagen stimmen? Kreuze an.

- [x] Wenn man etwas beweist, dann ist das „Wissen" und nicht „Glauben".
- [ ] Wenn ich an etwas glaube, dann wird es mit Sicherheit passieren.
- [x] Man kann auch an etwas glauben, das man nicht sehen kann.

Woran auch immer Menschen glauben – ihr Glaube gibt ihnen das Gefühl, etwas zu haben, auf das sie sich verlassen können und das ihnen weiterhilft. So kannst du an einen oder mehrere Götter glauben – aber auch an die Liebe, einen Fußballverein, Engel, Kräfte der Natur oder Ähnliches. Auf jeden Fall solltest du an dich selbst glauben, denn das brauchst du, wenn du etwas schaffen möchtest.

4 Gehörst du einer Religion an? Woran glaubst du? Kreuze an.

Christentum ☐	Judentum ☐	Islam ☐
Buddhismus ☐	Hinduismus ☐	andere Religion: ____ ☐
keine Religion ☐		

5 Lies dir die Aussagen der Kinder durch. Male die Sprechblasen an, die auf dich zutreffen.

Der Glaube hilft mir, wenn ich traurig bin.

Ich fühle mich durch den Glauben beschützt.

Durch den Glauben bin ich nicht allein.

Der gemeinsame Glaube hilft beim Miteinander.

Durch den Glauben bin ich mutig.

Ich glaube nicht.

(individuelle Lösung)

Das Übungsheft Ethik 3 – Lösungen (Seite 48 – 51)

Glauben alle Menschen an Gott?

Ist eine Person religiös, so vertraut sie darauf, dass es eine höhere Macht gibt, die man vielleicht nicht sehen kann. Manche Menschen denken aber, dass sie die Macht spüren können und von ihr beschützt werden. Im Christentum, dem Islam und dem Judentum ist diese Macht ein Gott. Dieser wird jedoch in jeder Religion anders genannt. Jeder Mensch darf in Deutschland glauben, woran er möchte und dabei darf niemand für den eigenen Glauben benachteiligt werden.

1 Schau dir die Verbreitung der Weltreligionen an. Was fällt dir an dieser Karte auf? Schreibe in Stichworten.

Die Verbreitung der Weltreligionen

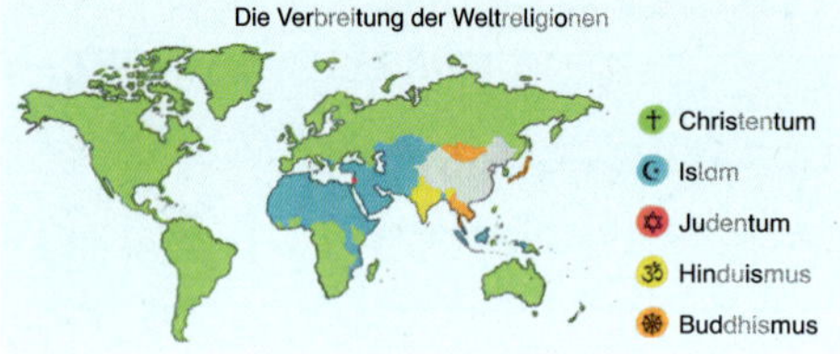

2 Such im Internet mit einer Suchmaschine für Kinder nach „Weltreligionen". Welche hast du gefunden?

(individuelle Lösung)

1 Lies den Text.

Wie feiern Buddhistinnen und Buddhisten ihre Gottheiten?

Buddhistische Gotteshäuser nennt man „Tempel". Diese unterscheiden sich in Größe und Baustil je nach Land und Region deutlich voneinander: Sie können ganz klein und unscheinbar oder aber sehr groß und auffällig verziert sein. Jedoch sind in den meisten Gebetshallen „Buddha"-Statuen und ein an die Wand gemaltes „Buddha"-Auge zu sehen. Da das Entwickeln eines eigenen Geistes im Vordergrund steht, wird in dieser Religion viel mehr meditiert als gebetet.

Buddhistischer Tempel

Buddhistinnen und Buddhisten haben keine Gottheiten. Sie verehren zwar „Buddha" als sehr weisen Menschen – er gilt aber nicht als Gott. Ein wichtiger Teil des Gebets ist die Gebetskette. Sie besteht aus 108 Perlen und einer „Quaste" (ein Bündel aus Fäden). Die Perlen stehen für die 108 Bände der Lehre Buddhas.

Gebetskette mit Quaste

2 Beantworte die Fragen in ganzen Sätzen.

Wie nennt man ein buddhistisches Gotteshaus?

Ein buddhistisches Gotteshaus nennt man Tempel.

An wie viele Gottheiten richten Buddhistinnen und Buddhisten ihr Gebet?

Buddhistinnen und Buddhisten richten ihr Gebet nicht an Gottheiten, denn sie haben gar keine.

1 Lies den Text.

Wie feiern Hindus ihre Gottheiten?

Das Gotteshaus der Hindus ist ebenfalls der „Tempel". Dort finden die Verehrungszeremonien („Pujas") statt. Während des Gebets legen viele Hindus die Handflächen aneinander, führen sie zur Stirn und sprechen dabei ein „Mantra" (freies Gebet, heilige Silbe „Om" oder ein Spruch aus den vier Heiligen Schriften).

Hinduistischer Tempel

Doch auch zu Hause in eingerichteten Gebetsecken oder auch in „Ashrams" – ähnlich wie Klöster im Christentum – wird gebetet. Es gibt keine festen Gebetszeiten oder Regeln zum Beten. Man kann immer und überall zu den Göttern sprechen.

Hindus glauben an viele verschiedene Gottheiten. Das nennt man Polytheismus. Die drei wichtigsten Götter heißen „Brahma" (gilt als Schöpfer der Welt), „Vishnu" (gilt als Erhalter der Welt) und „Shiva" (gilt als Zerstörer der Welt).

Ashram

2 Richtig oder falsch? Kreuze an.

	richtig	falsch
„Puja" ist das Gotteshaus der Hindus.	☐	☒
Hindus glauben an einen Gott.	☐	☒
Der Gott „Vishnu" gilt als Erhalter der Welt.	☒	☐
Die drei wichtigsten Götter heißen „Brahma", „Vishnu" und „Shiva".	☒	☐

1 Lies den Text.

Wie feiern Jüdinnen und Juden ihren Gott?

Jüdinnen und Juden nennen ihren Gott „Jahwe". Ihr Gotteshaus ist die „Synagoge", die in Deutschland immer nach Osten ausgerichtet ist – in die Richtung des Jerusalemer Tempelberges.

Jüdische Synagoge

Sie haben drei feste Gebetszeiten, am „Schabbat" (= Ruhetag) vier. Der Inhalt der Gebete, die Sprache und der Ort, wo gebetet wird, sind nicht vorgegeben. Außerdem wird manchmal auch vor oder nach dem Essen, nach dem Kauf neuer Kleidung oder in anderen Situationen gebetet.

Für Gottesdienste oder besondere Anlässe haben Juden und Jüdinnen auch vorgegebene Gebete. Besonders wichtige Gebete sind zum Beispiel das „Kaddisch", „Schma Jisrael" oder „Schmone Esre". Die wichtigsten Teile werden jedoch nur gebetet, wenn mindestens zehn Gläubige teilnehmen, die bereits ihre „Bar Mizwa"/„Bat Mizwa" (die Aufnahme als vollwertiges Mitglied in die jüdische Gemeinde) gefeiert haben. Die Heilige Schrift der Juden und Jüdinnen heißt „Tanach". Der wichtigste Teil daraus ist die „Thora". Sie enthält 365 Gebote und 248 Verbote.

2 Verbinde die richtigen Aussagen miteinander.

- Juden und Jüdinnen beten … — … zu einem Gott.
- Das Gotteshaus der Jüdinnen und Juden nennt man … — … „Synagoge".
- Der „Tanach" ist die … — … Heilige Schrift im Judentum.

1 Lies den Text.

Wie feiern Muslimas und Muslime ihren Gott?

Muslimas und Muslime glauben an einen Gott, den sie „Allah“ nennen. Das Beten gehört zu den wichtigsten Pflichten. Gebetet wird fünfmal am Tag nach einem festgelegten Ritual und in Richtung Mekka (Stadt in Saudi-Arabien). Das Gebet heißt „Salāt“ und meint „eine Verbindung haben“ – das heißt, dass sich die Gläubigen im Gebet direkt mit ihrem Gott verbunden fühlen. Ihre Heilige Schrift ist der „Koran“.

Muslimische Moschee

Neben den Ritualen ist es zudem wichtig, mit dem Herzen und den Gedanken das Vertrauen zu „Allah“ zu spüren. Jeden Freitag beten die Gläubigen gemeinsam in ihrem Gotteshaus, das „Moschee“ genannt wird. Der Ablauf des Gebets ist immer gleich: Zuerst gibt es eine rituelle Waschung, anschließend werden die Schuhe vor dem Gebetsraum ausgezogen. Danach verbeugen sich die Gläubigen vor einem Gebetsteppich, knien sich hin und berühren den Boden während des Betens mit ihrem Kopf.

2 Ergänze den Lückentext.

Muslimas und Muslime beten fünfmal am Tag. Hierbei ist es wichtig, dass sie in Richtung Mekka beten. Ihre Gebete richten sie immer an ihren Gott, den sie Allah nennen. Freitags beten die Gläubigen in ihrem Gotteshaus, der Moschee. Hier verbeugen sie sich vor ihrem Gebetsteppich, nachdem sie die Schuhe ausgezogen haben.

1 Lies den Text.

Wie feiern Christinnen und Christen ihren Gott?

Christinnen und Christen glauben, dass es nur einen einzigen Gott gibt. Ihr Gotteshaus heißt „Kirche“. Diese sieht je nach Land sehr unterschiedlich aus. Man findet aber in allen Kirchen einen „Altar“, ein „Kreuz“ und ein „Taufbecken“. In Kirchen finden die „Gottesdienste“ statt, bei denen zusammen gebetet wird, Kirchenlieder gesungen, Geschichten aus der „Bibel“ (Heilige Schrift) verlesen und Feste gefeiert werden. Meistens finden diese Gottesdienste sonntags statt und werden bei den katholischen Gläubigen von „Priestern“ und bei evangelischen Gläubigen von „Pfarrerinnen“ und „Pfarrern“ gehalten.

Christinnen und Christen sprechen durch verschiedene Gebete zu Gott. Es gibt feste Gebete (zum Beispiel das „Vaterunser“ oder das „Glaubensbekenntnis“), jedoch beten sie auch in ihren eigenen Worten zu Gott, indem sie ihm beispielsweise von ihren Wünschen und Ängsten erzählen. Während eines Gebets knien sich katholische Gläubige oft hin und falten dabei ihre Hände. Evangelische Gläubige tun das nicht. Eine Vorschrift für einen bestimmten Ort oder eine Gebetshaltung gibt es in dieser Religion nicht.

Christliche Kirche

2 Lies genau und kreise ein. Die Buchstaben ergeben das Lösungswort.

	richtig	falsch
Das Gotteshaus der Christinnen und Christen heißt „Kirche“.	(K)	G
In der Kirche gibt es einen Altar.	(R)	O
Christinnen und Christen glauben an mehrere Gottheiten.	T	(EU)
Die Heilige Schrift des Christentums nennt man Bibel.	(Z)	T

Das Lösungswort lautet: KREUZ

Der 5. Ethikmeister

20 min

1 Worin besteht der Unterschied zwischen „wissen“ und „glauben“?

Vervollständige die Sätze.

Wenn ich etwas weiß, dann habe ich Wissen über etwas, das sich beweisen lässt.

Wenn ich etwas glaube, dann vermute ich etwas, das ich aber nicht beweisen kann. (Beispiellösung)

2 Wie heißen die verschiedenen Gotteshäuser? Schreibe in die Zeilen.

Christliche Kirche — Buddhistischer Tempel — Muslimische Moschee — Hinduistischer Tempel — Jüdische Synagoge

Buddhistischer Tempel

Jüdische Synagoge

Christliche Kirche

Hinduistischer Tempel

Muslimische Moschee

3 Suche dir eine Weltreligion aus und entwirf dazu einen Steckbrief. Die folgenden Fragen sollten dabei beantwortet werden:

- Wie heißt deine Weltreligion?
- Wie sieht das Gotteshaus aus?
- An wie viele Götter glauben die Gläubigen?
- Wie sehr verbreitet ist die Religion?
- Wie heißt der Gott oder wie heißen die Gottheiten?
- Was ist für dich das Besondere an dieser Religion?

Steckbrief

So sieht das Gotteshaus aus:

Du hast ___ von 14 Antworten richtig. (individuelle Lösung)

Die goldene Regel

In unserer Gemeinschaft gibt es die goldene Regel. Sie soll das Leben in der Gesellschaft erleichtern und ein friedliches und freundliches Miteinander ermöglichen. Sie lautet:

Ich behandle andere so, wie ich selbst behandelt werden möchte.

Diese Regel brauchst du jeden Tag in den verschiedensten Situationen. Zum Beispiel: Wenn du möchtest, dass jemand dir hilft, wenn du hingefallen bist, solltest du ebenfalls anderen helfen, wenn sie sich verletzt haben. Oder wenn du möchtest, dass dir jemand einen Radiergummi leiht, wenn du deinen vergessen hast, solltest du auch bereit sein, deine Sachen zu verleihen, wenn jemand etwas braucht.

1 Schau dir das Bild an. In welchen Situationen halten sich die Kinder an die goldene Regel? Male diese Kästchen gold oder gelb an.

2 Wie sollen dich andere Kinder behandeln? Schreibe in die Bilderrahmen.

so, wie ich sie auch behandle	freundlich und hilfsbereit	nicht streitlustig, respektvoll

3 Überlege dir, warum die Regel „goldene Regel" heißt. Schreibe auf.

Sie heißt so, weil es die wichtigste, grundlegendste Regel für unser Alltagsleben ist, die am wenigsten Voraussetzungen hat und immer gilt.

4 Wann hättest du dir gewünscht, dass jemand nach der goldenen Regel handelt? Schreibe in Stichworten drei Situationen auf.

1. als mich jemand geärgert hat
2. als mich jemand ungerecht behandelt hat
3. als mir einmal niemand geholfen hat

Freundlich sein

Manchmal gibt es Tage, an denen du dich nicht gut fühlst. Dann fällt es dir vielleicht schwer, mit anderen freundlich umzugehen. Erinnere dich dabei aber stets auch an die goldene Regel.

1 Man kann etwas auf verschiedene Art und Weise sagen. Stell dir vor, die folgenden Sätze werden zu dir gesagt. Welche Aussage findest du freundlicher? Male die entsprechende Sprechblase an.

- Kannst du das bitte noch einmal lauter sagen? (angemalt)
- Oh Mann, ich habe dich nicht verstanden. Sprich lauter!
- Ich glaube, das ist mein Platz. Kannst du dich bitte woanders hinsetzen? (angemalt)
- Geh weg, ich saß da – das ist mein Platz!
- Haltet doch mal den Mund, das nervt!
- Könnt ihr bitte leise sein? Ich kann mich so nicht konzentrieren. (angemalt)

2 Formuliere die folgenden Aussagen in freundliche Fragen um.

- Los, gib' den Stift her! → Könntest du mir bitte den Stift wiedergeben?
- Fass' meine Jacke bloß nicht an! → Würdest du bitte meine Jacke nicht anfassen?
- Ihr lasst mich nie mitspielen, ihr seid blöd! → Darf ich heute bitte einmal mit euch mitspielen?

3 Wie wirken die folgenden Gesichter auf dich? Begründe.

A B C

A. traurig: Kopf gesenkt, Blick nach unten
B. freundlich: lächelnd, Augen leicht geschlossen
C. wütend: böser Blick, kein Lächeln.

Was kann ich tun, wenn ich wütend werde?

Jeder Mensch kann durch etwas anderes wütend werden. Es dauert bei jedem Menschen unterschiedlich lang, bis das eigene „Wutmonster“ ausbricht. Oft ist es allerdings bei allen gleich, dass das „Wutmonster“ nur schwer zu kontrollieren ist.

1 Wenn du merkst, dass du wütend wirst, gibt es verschiedene Möglichkeiten, etwas gegen einen Wutausbruch zu tun. Welche zwei der folgenden vier Möglichkeiten würdest du wählen und warum?

- ruhig ein- und ausatmen
- leise bis 10 zählen
- weggehen
- versuchen, sich abzulenken

ruhig ein- und ausatmen: weil dadurch etwas Entspannung aufkommt; weggehen: weil man sich dadurch von der Situation entfernt

2 Denke an eigene Situationen, in denen du wütend warst, aber keinen Wutausbruch hattest. Welche Hilfsmittel haben dir geholfen? Schreibe.

- Sport treiben
- schlafen
- darüber reden

Sport treiben: hilft dabei, sich zu beruhigen; schlafen: ein neuer Tag, eine neue Chance; darüber reden: es hilft, andere Meinungen zu hören

Helfen

Du kannst auf unterschiedliche Art und Weise anderen Menschen helfen. Helfen bedeutet aber auch, andere zu ermutigen und zu unterstützen. Menschen, die anderen Hilfe anbieten und sie unterstützen, bezeichnet man als hilfsbereit.

1 Wobei hast du anderen schon einmal geholfen?

Ich habe meiner Nachbarin, einer älteren Frau, dabei geholfen, ihre Einkäufe die Treppe hoch zu bringen.

Wie hast du dich dabei bzw. danach gefühlt?

Ich habe mich gut gefühlt, weil ich jemandem helfen konnte. Meine Nachbarin war sehr dankbar.

2 Wobei wurde dir schon einmal geholfen?

Mir wurde schon einmal beim Aufstehen geholfen, nachdem ich mit dem Fahrrad hingefallen war.

Wie hast du dich dabei bzw. danach gefühlt?

Ich war sehr dankbar sowie froh, dass mir jemand geholfen hat und ich nicht alleine war.

Helfen und sich helfen lassen

Manchmal trauen sich Menschen nicht, um Hilfe zu bitten. Dann ist es sehr freundlich, Hilfe anzubieten. Es gibt viele Möglichkeiten zu helfen.

1 Lies dir die folgenden Situationen durch und überlege, wie du dem Kind helfen könntest. So könnte ich helfen:

Situation	So könnte ich helfen
Mein Tischnachbar Michael hat sein Mappchen zuhause vergessen.	Ich leihe ihm einen von meinen Stiften.
Kenan steht ganz allein in der Pause auf dem Schulhof. Er ist mit seiner Familie aus einem anderen Land geflohen und versteht noch kein Wort Deutsch.	Ich könnte mit ihm Ball spielen. Dazu muss er keine Sprache verstehen und wäre nicht mehr allein.
Ida hat sich im Skiurlaub ihr Bein gebrochen und muss jetzt auf Krücken gehen. Ihr Klassenraum befindet sich im ersten Stock.	Ich könnte ihr helfen, die Treppen hinaufzusteigen oder ihre Schulsachen tragen.

2 Warum ist es wichtig, anderen zu helfen?

Es ist wichtig, weil jeder Mensch einmal in die Situation kommen kann, dass er Hilfe braucht. Dann freut man sich, wenn jemand da ist.

Der 6. Ethikmeister (20 min)

1 Wie solltest du andere Menschen behandeln? Schreibe auf.

Ich sollte Menschen so behandeln, wie auch ich selbst behandelt werden möchte.

2 Haben die Kinder nach der goldenen Regel gehandelt? Male ☺, wenn sich das Kind an die goldene Regel gehalten hat und ☹, wenn nicht.

☹ Simon und Katharina spielen ein Kartenspiel. Als Katharina nicht hinschaut, schummelt Simon und legt zwei Karten auf den Ablagestapel.

☹ Britt hat Jana in der Pause erzählt, in wen sie verliebt ist. Sie bittet Jana, niemandem davon zu erzählen. Doch Jana findet diese Information so spannend, dass sie es Lina unbedingt sagen muss. Am nächsten Tag wissen es alle in der Klasse.

☹ Fred hat das Freundschaftsbuch von Lin nun schon mehr als ein halbes Jahr. Obwohl Lin immer wieder danach fragt, gibt er es nicht zurück.

☺ Sergio spielt nicht gerne Fußball. Trotzdem macht er mit, denn es ist das Lieblingsspiel seines besten Freundes Martin.

☺ Juris Hamster ist gestorben. Sandra besucht ihn und bringt einen Stein mit. Diesen möchte sie mit Juri bemalen und auf das Grab des Hamsters legen.

3 Ergänze die Sätze im Sinne der goldenen Regel.

Wenn ich dich nicht auslache, dann lachst du mich nicht aus.

Vertraust du mir, dann vertraue ich dir.

Ich bin ehrlich zu dir, dann bist du ehrlich zu mir.

Das Übungsheft Ethik 3 – Lösungen (Seite 64)

4 Thiele ist neu in der Klasse 3a. Überlege dir drei Situationen, mit denen du ihm helfen könntest, schnell in deiner Klasse anzukommen und sich dort wohlzufühlen. Schreibe in Stichworten auf.

Ich könnte mit ihm in der Pause sprechen und spielen.

Ich könnte ihm bei allem helfen, das neu für ihn ist.

Ich könnte ihn neben mir sitzen lassen, wenn der Platz noch frei ist.

5 Schau dir die Situation an. Wie könnte Thiele mit seiner Wut umgehen? Schreibe in Stichworten auf.

„Das kannst du doch gar nicht wissen. Du bist doch der Neue!"

richtiger Umgang mit Wut	falscher Umgang mit Wut
nicht aufregen, darum bitten, mir zu sagen, was ich nicht weiß	schreien, persönlich beleidigen, schlagen

 (Beispiellösung) Du hast von 14 Antworten richtig.

53

55

56

57

58

59

60

61

63

64

1. Ethikmeister

2. Ethikmeister

3. Ethikmeister

4. Ethikmeister

5. Ethikmeister

6. Ethikmeister

Die runden Sticker sind keine Sticker fürs Wimmelbild.
Benutze sie, wie du möchtest.

Mit diesem Heft übt:

____

Das Übungsheft Englisch 3

Let's practise English mit Audio-CD „Jicki Vokabel-Dusche 3"

Das Übungsheft bietet für alle Kinder das ideale Training für Englisch – selbsterklärend, motivierend, themenorientiert sowie integrativ.
Ergänzt wird das Heft durch die Jicki Vokabel Dusche, durch welche die Lernenden – begleitet von Musik – das Vokabular lernen und festigen.

Das Heft eignet sich:

- als schriftliche Ergänzung des Unterrichtsstoffes
- für Einzel-, Partner- und Gruppenarbeit
- für Hausaufgaben oder zur häuslichen Verwendung/Übung mit den Eltern
- als Arbeitsheft in offenen Arbeitsformen
- zur Differenzierung/Individualisierung

Das Übungsheft Englisch 3

64 S., Gh, 17 x 24 cm, vierf., mit Kartonbeilage, Stickerbogen und Lösungsheft, mit Audio-CD „Jicki Vokabel-Dusche 3"
ISBN 978-3-619-19447-6, Bestell-Nr. 1904-47

www.mildenberger-verlag.de/797

Das Übungsheft Französisch 3

On apprend le français

Nach bewährtem Konzept üben und wiederholen die Kinder den relevanten Grundwortschatz in Französisch anhand von ansprechenden, spielerischen Aufgaben – themenorientiert und selbsterklärend.

Gezielt trainiert werden die notwendigen Teilkompetenzen, z. B.:

- bewährtes Konzept mit kleinen und überschaubaren Lerneinheiten
- das beiliegende Lösungsheft ermöglicht eine Selbstkontrolle
- motivierendes Sticker-Belohnungssystem
- Beilage mit allen Wörtern, die auch online zum Hören angeboten werden
- ideal für den Unterricht oder auch für Zuhause

Das Übungsheft Französisch 3

64 S., vierf., Gh, 17 x 24 cm, mit Stickerbogen, Lösungsheft (16 S.), Wörterliste (Kartonbeilage und als Online-Hörangebot), mit Audio-CD „Jicki Vokabel-Dusche Französisch 3"
ISBN 978-3-619-19420-9, Bestell-Nr. 1904-20

www.mildenberger-verlag.de/808

Das Übungsheft Kunst 3/4

Farben, Techniken, Künstlerinnen und Künstler

Dieses Übungsheft ist der perfekte Begleiter zum Unterricht im Fach Kunst. In kleinschrittigen Aufgaben mit den wichtigsten praktischen wie theoretischen Aspekten erwerben die Kinder ein „Grundwissen Kunst".

Vier übersichtliche Kapitel zum Grundwissen Kunst:

- Farbenlehre: Farbkreis, Farbwirkungen, Abdunkeln/Aufhellen von Farben
- Materialien und Werkzeuge: Papier, Leinwand, Pinsel, Wachsmalkreiden …
- Techniken: Zeichnen, Malen, Drucken, Formen und Gestalten
- Bildbetrachtung: Augenspaziergänge, Bildwirkung …
- Künstler: z. B. Monet, Van Gogh, Warhol, Kahlo, Slinkachu

Das Übungsheft Kunst 3/4

64 S., vierf., Gh, 17 x 24 cm, mit Stickerbogen, Lösungsheft (16 S.)
ISBN 978-3-619-36315-5, Bestell-Nr. 3603-15

www.mildenberger-verlag.de/900

Füreinander da sein

Es gibt im Leben immer wieder schwierige Situationen, die du vielleicht nicht allein lösen kannst. Dann ist es schön, wenn jemand anderes für dich da ist.

1 Was bedeutet „füreinander da sein“ für dich? Finde Beispiele.

2 Was kannst du tun, um für jemanden da zu sein?

3 Für wen bist du da, wenn es jemandem nicht gut geht? Schreibe auf und finde ein weiteres Beispiel.

Familie:

Schule:

4 Wer ist für dich da, wenn es dir nicht gut geht? Schreibe auf und finde ein weiteres Beispiel.

Familie:

Schule:

Der 3. Ethikmeister

20 min

1 In diesem Kapitel hast du dich unter anderem mit deinem Zuhause beschäftigt.

Was würdest du an deinem Zuhause gerne ändern wollen? Schreibe auf.

Auf was würdest du nicht verzichten wollen, um dich zu Hause wohlzufühlen? Schreibe auf.

2 Auch das Thema „Freundschaft“ war Teil dieses Kapitels. Suche dir vier Regeln aus, die dir besonders wichtig erscheinen und kreuze sie an.

- ☐ Ich sage nicht zu meiner Freundin oder meinem Freund, dass sie oder er nicht mit anderen befreundet sein darf.
- ☐ Ich erzähle keine Gerüchte weiter.
- ☐ Ich darf meine Zeit an einem Tag mit meiner Freundin oder meinem Freund und an einem anderen Tag mit einem anderen Kind verbringen.
- ☐ Wir sind manchmal nicht der gleichen Meinung und das ist in Ordnung.
- ☐ Wir müssen nicht die gleichen Dinge mögen, um befreundet zu sein.
- ☐ Wir gehen nett miteinander um.
- ☐ Ich erzähle keine Geheimnisse weiter.
- ☐ Ich lüge meine Freundin oder meinen Freund nicht an.

3 Eine Klasse ist wie eine Gemeinschaft. Damit diese gut funktionieren kann und sich alle wohlfühlen, ist es wichtig, dass man sich gegenseitig hilft und Aufgaben gemeinsam erledigt.

Überlege dir drei Situationen aus der Klasse, in denen ihr gemeinsam stark wart. Schreibe auf.

4 Was könnte mit „ICH + DU = WIR“ gemeint sein?

Dilemma

Ein Dilemma wird auch als „Zwickmühle“ bezeichnet, weil du dich zwischen zwei Auswegen entscheiden musst. Besonders ist dabei aber, dass keine der Lösungsmöglichkeiten perfekt ist. Jede Lösung führt zu einem Ergebnis, mit dem du nicht komplett zufrieden bist.

Dabei geht es nicht darum, dass du dich entscheiden musst, ob du nun Pommes oder ein Eis essen möchtest. Bei einem richtigen Dilemma musst du dich zwischen zwei Werten entscheiden. Werte sind Regeln, die Menschen beachten sollen. Beispiele für Werte sind Ehrlichkeit, Freundlichkeit, Respekt, Fairness, Tierschutz, Umweltschutz, Rechte und vieles mehr.

1 Entscheide, ob es sich um ein Dilemma handelt. Setze ein Häkchen für ja und ein Kreuz für nein.

☐ Tobias hat eine kleine Schwester. Oft möchte Lisa genau die Sachen haben, die er gerade benutzt. Tobias' Mutter sagt dann meistens, dass er seiner Schwester die Sachen abgeben soll. Er sei schließlich der ältere Bruder.

☐ Ella soll nach der Schule direkt nach Hause kommen. Ihre Freundin Aishe fragt sie in der Pause, ob die beiden nach der Schule ein Eis essen wollen. Ella wäre schließlich beim letzten Mal schon nicht dabei gewesen.

☐ Thilo hat auf dem Schulweg beobachtet, wie sein bester Freund ein anderes Kind getreten hat. Am nächsten Morgen spricht ihn die Lehrerin darauf an, denn er wurde bei ihr als Zeuge des Streits genannt.

☐ Nimra schreibt oft Einsen in den Mathearbeiten. Ihrer Freundin Leyla dagegen fällt Mathe schwer. Bei der nächsten Arbeit möchte Nimra ihrer Freundin helfen und sie abschreiben lassen, obwohl das gegen die Klassenregeln verstößt.

Die Geburtstagsparty oder das Meisterschaftsspiel

Nelia ist am Samstag auf den Geburtstag ihres besten Freundes Luke eingeladen. Sie ist die Einzige, die eine Einladung bekommen hat, denn Luke ist sehr schüchtern.

Leider ist am Samstag auch das wichtigste Spiel ihrer Basketballmannschaft. Nelia wirft die meisten Körbe in ihrer Mannschaft. Daher ist sie ein wichtiger Teil, um die Meisterschaft gewinnen zu können.

1 Wer steckt in diesem Dilemma? Schreibe den Namen unten in die Mitte. Welche Möglichkeiten hat dieses Kind? Schreibe in die Denkblasen.

2 Warum fällt es dir bei der Geschichte so schwer, dich zu entscheiden? Schreibe auf.

3 Stell dir vor, du bist Nelia. Überlege dir, welche Folge oder Folgen deine Entscheidung haben könnte. Schreibe in Stichworten auf.

Nelia geht auf den Geburtstag ihres besten Freundes.

Folge: ______

Nelia unterstützt ihre Mannschaft bei dem wichtigsten Spiel der Saison.

Folge: ______

Nelia geht weder auf den Geburtstag noch zum Spiel.

Folge: ______

______

4 Wie würdest du dich an Nelias Stelle entscheiden? Kreuze an und begründe in Stichworten.

Nelia sollte auf den Geburtstag gehen. ja ☐ nein ☐

Begründung: ______

______

Nelia sollte ihre Mannschaft bei dem Spiel unterstützen. ja ☐ nein ☐

Begründung: ______

______

Nelia sollte weder zum Geburtstag noch zum Spiel gehen. ja ☐ nein ☐

Begründung: ______

______

5 Versetze dich in Luke. Wie könnte er sich fühlen und was könnte er Nelia antworten?

„Es tut mir leid, Luke. Ich kann nicht zu deinem Geburtstag kommen. Wir haben ein wichtiges Spiel, bei dem ich meine Mannschaft unterstützen muss."

6 Versetze dich in Nelias Mannschaftskameradin Matilda. Wie könnte sie sich fühlen und was könnte sie Nelia antworten?

„Es tut mir leid, Matilda. Ich kann nicht zu unserem Spiel kommen. Luke hat Geburtstag. Wenn ich nicht komme, ist er ganz allein."

Die Sammelkarten

Jasper ist in der dritten Klasse und dafür bekannt, immer ehrlich zu sein. Das ist ein wichtiger Wert in seiner Familie. Er weiß, dass man Fehler machen darf, aber es wichtig ist, für diese einzustehen und sie auszubügeln.

Jasper packt im Klassenraum nach der Frühstückspause gerade seine Brotdose in den Ranzen, als es zur Pause klingelt. Seine Lehrerin, Frau Stein, hat Pausenaufsicht und verlässt schnell den Raum. Als er nur noch allein mit Ayla und Tom ist, sieht er, wie die beiden an den Ranzen seiner besten Freundin Luna gehen und Sammelkarten entwenden. Jasper verlässt den Raum, als hätte er nichts gesehen, denn die beiden sind die beliebtesten Kinder der Klasse.

Am nächsten Morgen spricht Frau Stein die Klasse mit ernster Stimme an. Sie berichtet, dass gestern aus Lunas Ranzen Sammelkarten entwendet wurden. Beide wären sehr enttäuscht, da sie nicht dachten, dass so etwas in dieser Klasse passieren könnte. Frau Stein sagt, dass diejenigen, welche die Karten genommen haben, ihr dies bitte sagen sollen. Es sei zwar nicht in Ordnung, dennoch würde sie dann auf größere Strafen verzichten. Ihr sei wichtig, dass sich alle weiterhin vertrauen können. Jasper überlegt kurz, ob er etwas sagen soll. Aber er will keine Petze sein und Ayla und Tom verraten, auch wenn er das Verhalten der beiden nicht in Ordnung findet.

Als er am nächsten Morgen herausfindet, dass Ayla und Tom die Sammelkarten noch immer nicht zurückgegeben haben, sondern sich sogar darüber lustig machen, befindet sich Jasper in einer Zwickmühle.

Auf der einen Seite weiß er, dass er seiner Lehrerin, Luna oder seinen Eltern die Wahrheit sagen sollte. Auf der anderen Seite hat er Angst, dass Ayla und Tom auf ihn wütend sein werden und ihn ärgern könnten.

1 Wie könnte sich Jasper entscheiden? Schreibe alle Möglichkeiten auf, die dir einfallen.

2 Jasper befindet sich in einem Dilemma zwischen verschiedenen Werten. Welche Werte scheinen ihm wichtig zu sein, die ihn in dieses Dilemma bringen? Kreuze diese an.

Ehrlichkeit ☐	Freiheit ☐
Freundschaft ☐	Treue ☐
Gerechtigkeit ☐	Enttäuschung ☐

3 Erkläre, warum es Jasper schwerfällt, sich zu entscheiden.

4 Finde Gründe dafür und dagegen, dass Jasper über seine Beobachtungen spricht.

Jasper sollte jemandem sagen, dass Ayla und Tom die Sammelkarten genommen haben, weil

Jasper sollte niemandem sagen, dass Ayla und Tom die Sammelkarten genommen haben, weil

5 Versetze dich in Luna. Wie fühlst du dich, wenn deine Karten aus deinem Ranzen genommen wurden? Begründe.

6 Wie würdest du dich an der Stelle von Ayla oder Tim fühlen, wenn jemand verrät, dass du einen Fehler gemacht hast?

7 Stell dir vor, du bist Jasper. Wie würdest du dich entscheiden? Warum? Begründe deine Entscheidung.

Der 4. Ethikmeister

20 min

Das Versprechen

Sina und Fridolin sind beste Freunde. Beide gehen in die 3b. Heute bekommen sie die Mathearbeit zurück. Fridolin hat viel für die Arbeit gelernt, doch trotzdem hat er eine 5 geschrieben. So ein Mist! Nach der Schule vertraut er Sina an, dass er Angst vor der Reaktion seiner Eltern hat und sich daher nach der Schule auf dem Spielplatz versteckt. Sina verspricht ihm, dass sie niemandem etwas von seinem Plan verrät.

Zuhause zeigt Sina ihrem Papa ihre gute Note, behält den Plan von Fridolin aber für sich. Gegen Abend ruft die Mutter ihres Freundes an. Sie sei besorgt, weil Fridolin noch nicht zu Hause sei. Nach dem Telefonat fragt Sinas Mutter: „Weißt du, wo Fridolin ist?" Sina weiß nicht, was sie tun soll. Entweder sie verrät ihrer Mutter, wo Fridolin ist und bricht damit das Versprechen, das sie Fridolin gegeben hat. Oder sie lügt ihre Mutter an, um Fridolin nicht zu verraten.

1 Was passiert in der Geschichte? Schreibe in Stichwörtern auf.

2 Sina befindet sich in einem Dilemma zwischen zwei Werten. Welche beiden Werte scheinen ihr wichtig zu sein, die sie in dieses Dilemma bringen? Kreuze diese an.

- Ehrlichkeit ☐
- Freundlichkeit ☐

- Freundschaft ☐
- Gerechtigkeit ☐

3 Versetze dich in Fridolin. Wie fühlst du dich, wenn deine beste Freundin ihr Versprechen bricht und dich verrät? Schreibe auf.

4 Was denkst du, wie es Fridolins Mama geht, wenn er nach der Schule nicht nach Hause gekommen ist? Schreibe auf.

5 Stell dir vor, du bist Sina. Wie würdest du dich entscheiden? Warum? Begründe deine Entscheidung.

Was ich glaube – was ich weiß

Das Wort „Glaube“ begegnet dir häufig – dabei hat das Wort verschiedene Bedeutungen. Es bedeutet, dass wir von etwas überzeugt sind: Wir vermuten, dass etwas richtig ist, wissen jedoch oft nicht, ob es tatsächlich so ist. Zudem bedeutet es „Vertrauen“: Wir glauben den Worten eines anderen Menschen, ohne sie auf ihre Richtigkeit zu prüfen. Bei „Wissen“ hingegen beruft man sich auf Informationen, die bewiesen worden sind.

1 Finde verschiedene Sätze mit dem Wort „glauben“ aus deinem Alltag. Ergänze diesen Satzanfang „Ich glaube, dass …“

„… ich noch Milch im Kühlschrank habe.“

„… ______

„… ______

2 Welche Kästchen haben etwas mit „glauben“ (blau) und welche mit „wissen“ (grün) zu tun? Male an.

Timo kann alle 16 Bundesländer von Deutschland aufsagen.	„Mein Zahn wird morgen beim Essen herausfallen“, sagt Timo.	„Das wird bestimmt die Note 2 in der Arbeit“, prahlt Estefania.
„Meine Mannschaft wird morgen gewinnen“, sagt Karl.	„Die Pause ist in 15 Minuten“, stellt Kathrin fest.	„Wir sind 18 Kinder in der Klasse“, sagt die Lehrerin.

3 Welche beiden Aussagen stimmen? Kreuze an.

☐ Wenn man etwas beweist, dann ist das „Wissen" und nicht „Glauben".

☐ Wenn ich an etwas glaube, dann wird es mit Sicherheit passieren.

☐ Man kann auch an etwas glauben, das man nicht sehen kann.

Woran auch immer Menschen glauben – ihr Glaube gibt ihnen das Gefühl, etwas zu haben, auf das sie sich verlassen können und das ihnen weiterhilft. So kannst du an einen oder mehrere Götter glauben – aber auch an die Liebe, einen Fußballverein, Engel, Kräfte der Natur oder Ähnliches. Auf jeden Fall solltest du an dich selbst glauben, denn das brauchst du, wenn du etwas schaffen möchtest.

4 Gehörst du einer Religion an? Woran glaubst du? Kreuze an.

Christentum ☐	Judentum ☐	Islam ☐
Buddhismus ☐	Hinduismus ☐	andere Religion: ______ ☐
keine Religion ☐		

5 Lies dir die Aussagen der Kinder durch. Male die Sprechblasen an, die auf dich zutreffen.

Glauben alle Menschen an Gott?

Ist eine Person religiös, so vertraut sie darauf, dass es eine höhere Macht gibt, die man vielleicht nicht sehen kann. Manche Menschen denken aber, dass sie die Macht spüren können und von ihr beschützt werden. Im Christentum, dem Islam und dem Judentum ist diese Macht ein Gott. Dieser wird jedoch in jeder Religion anders genannt. Jeder Mensch darf in Deutschland glauben, woran er möchte und dabei darf niemand für den eigenen Glauben benachteiligt werden.

1 Schau dir die Verbreitung der Weltreligionen an. Was fällt dir an dieser Karte auf? Schreibe in Stichworten.

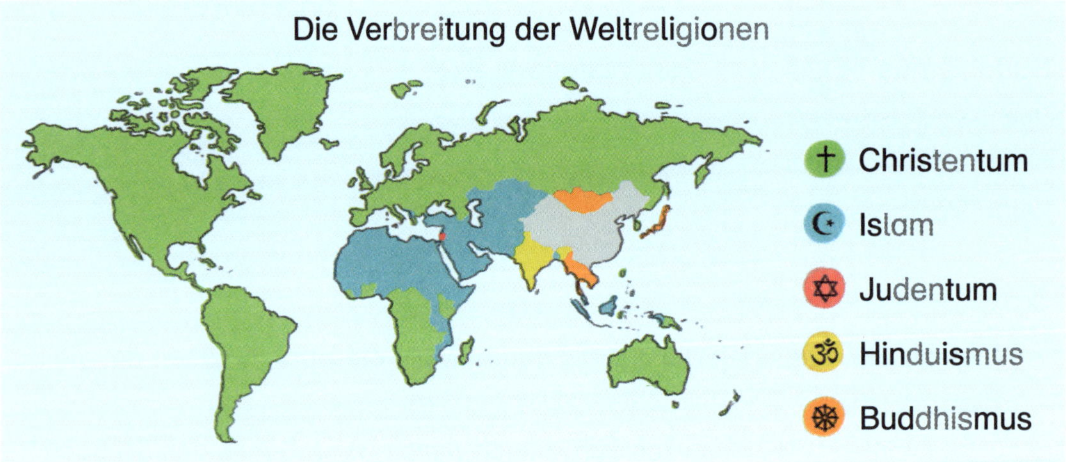

2 Such im Internet mit einer Suchmaschine für Kinder nach „Weltreligionen". Welche hast du gefunden?

1 Lies den Text.

Wie feiern Buddhistinnen und Buddhisten ihre Gottheiten?

Buddhistische Gotteshäuser nennt man „Tempel“. Diese unterscheiden sich in Größe und Baustil je nach Land und Region deutlich voneinander: Sie können ganz klein und unscheinbar oder aber sehr groß und auffällig verziert sein. Jedoch sind in den meisten Gebetshallen „Buddha“-Statuen und ein an die Wand gemaltes „Buddha“-Auge zu sehen. Da das Entwickeln eines eigenen Geistes im Vordergrund steht, wird in dieser Religion viel mehr meditiert als gebetet.

Buddhistischer Tempel

Buddhistinnen und Buddhisten haben keine Gottheiten. Sie verehren zwar „Buddha“ als sehr weisen Menschen – er gilt aber nicht als Gott. Ein wichtiger Teil des Gebets ist die Gebetskette. Sie besteht aus 108 Perlen und einer „Quaste“ (ein Bündel aus Fäden). Die Perlen stehen für die 108 Bände der Lehre Buddhas.

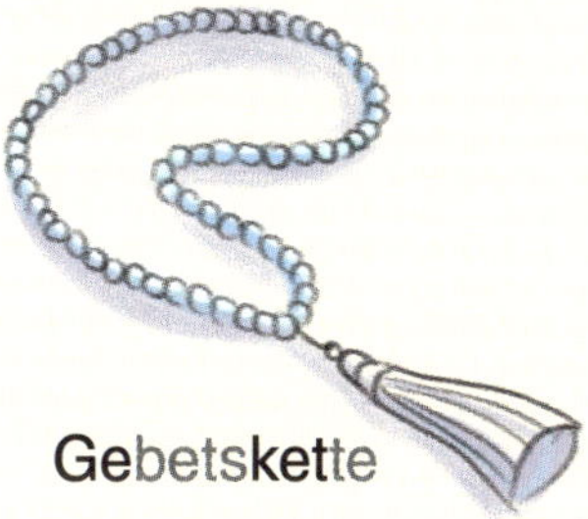

Gebetskette mit Quaste

2 Beantworte die Fragen in ganzen Sätzen.

Wie nennt man ein buddhistisches Gotteshaus?

An wie viele Gottheiten richten Buddhistinnen und Buddhisten ihr Gebet?

1 Lies den Text.

Wie feiern Hindus ihre Gottheiten?

Das Gotteshaus der Hindus ist ebenfalls der „Tempel“. Dort finden die Verehrungszeremonien („Pujas“) statt. Während des Gebets legen viele Hindus die Handflächen aneinander, führen sie zur Stirn und sprechen dabei ein „Mantra“ (freies Gebet, heilige Silbe „Om“ oder ein Spruch aus den vier Heiligen Schriften).

Hinduistischer Tempel

Doch auch zu Hause in eingerichteten Gebetsecken oder auch in „Ashrams“ – ähnlich wie Klöster im Christentum – wird gebetet. Es gibt keine festen Gebetszeiten oder Regeln zum Beten. Man kann immer und überall zu den Göttern sprechen.

Hindus glauben an viele verschiedene Gottheiten. Das nennt man Polytheismus. Die drei wichtigsten Götter heißen „Brahma“ (gilt als Schöpfer der Welt), „Vishnu“ (gilt als Erhalter der Welt) und „Shiva“ (gilt als Zerstörer der Welt).

Ashram

2 Richtig oder falsch? Kreuze an.

	richtig	falsch
„Puja“ ist das Gotteshaus der Hindus.	☐	☐
Hindus glauben an einen Gott.	☐	☐
Der Gott „Vishnu“ gilt als Erhalter der Welt.	☐	☐
Die drei wichtigsten Götter heißen „Brahma“, „Vishnu“ und „Shiva“.	☐	☐

1 Lies den Text.

Wie feiern Jüdinnen und Juden ihren Gott?

Jüdische Synagoge

Jüdinnen und Juden nennen ihren Gott „Jahwe". Ihr Gotteshaus ist die „Synagoge", die in Deutschland immer nach Osten ausgerichtet ist – in die Richtung des Jerusalemer Tempelberges.

Sie haben drei feste Gebetszeiten, am „Schabbat" (= Ruhetag) vier. Der Inhalt der Gebete, die Sprache und der Ort, wo gebetet wird, sind nicht vorgegeben. Außerdem wird manchmal auch vor oder nach dem Essen, nach dem Kauf neuer Kleidung oder in anderen Situationen gebetet.

Für Gottesdienste oder besondere Anlässe haben Juden und Jüdinnen auch vorgegebene Gebete. Besonders wichtige Gebete sind zum Beispiel das „Kaddisch", „Schma Jisrael" oder „Schmone Esre". Die wichtigsten Teile werden jedoch nur gebetet, wenn mindestens zehn Gläubige teilnehmen, die bereits ihre „Bar Mizwa"/„Bat Mizwa" (die Aufnahme als vollwertiges Mitglied in die jüdische Gemeinde) gefeiert haben. Die Heilige Schrift der Juden und Jüdinnen heißt „Tanach". Der wichtigste Teil daraus ist die „Thora". Sie enthält 365 Gebote und 248 Verbote.

2 Verbinde die richtigen Aussagen miteinander.

Juden und Jüdinnen beten …	… Heilige Schrift im Judentum.
Das Gotteshaus der Jüdinnen und Juden nennt man …	… „Synagoge".
Der „Tanach" ist die …	… zu einem Gott.

1 Lies den Text.

Wie feiern Muslimas und Muslime ihren Gott?

Muslimas und Muslime glauben an einen Gott, den sie „Allah“ nennen. Das Beten gehört zu den wichtigsten Pflichten. Gebetet wird fünfmal am Tag nach einem festgelegten Ritual und in Richtung Mekka (Stadt in Saudi-Arabien). Das Gebet heißt „Salāt“ und meint „eine Verbindung haben“ – das heißt, dass sich die Gläubigen im Gebet direkt mit ihrem Gott verbunden fühlen. Ihre Heilige Schrift ist der „Koran“.

Muslimische Moschee

Neben den Ritualen ist es zudem wichtig, mit dem Herzen und den Gedanken das Vertrauen zu „Allah“ zu spüren. Jeden Freitag beten die Gläubigen gemeinsam in ihrem Gotteshaus, das „Moschee“ genannt wird. Der Ablauf des Gebets ist immer gleich: Zuerst gibt es eine rituelle Waschung, anschließend werden die Schuhe vor dem Gebetsraum ausgezogen. Danach verbeugen sich die Gläubigen vor einem Gebetsteppich, knien sich hin und berühren den Boden während des Betens mit ihrem Kopf.

2 Ergänze den Lückentext.

Muslimas und Muslime beten __________ am Tag. Hierbei ist es wichtig, dass sie in Richtung __________ beten. Ihre Gebete richten sie immer an ihren Gott, den sie __________ nennen. Freitags beten die Gläubigen in ihrem Gotteshaus, der __________. Hier verbeugen sie sich vor ihrem __________, nachdem sie die __________ ausgezogen haben.

1 Lies den Text.

Wie feiern Christinnen und Christen ihren Gott?

Christinnen und Christen glauben, dass es nur einen einzigen Gott gibt. Ihr Gotteshaus heißt „Kirche“. Diese sieht je nach Land sehr unterschiedlich aus. Man findet aber in allen Kirchen einen „Altar“, ein „Kreuz“ und ein „Taufbecken“. In Kirchen finden die „Gottesdienste“ statt, bei denen zusammen gebetet wird, Kirchenlieder gesungen, Geschichten aus der „Bibel“ (Heilige Schrift) verlesen und Feste gefeiert werden. Meistens finden diese Gottesdienste sonntags statt und werden bei den katholischen Gläubigen von „Priestern“ und bei evangelischen Gläubigen von „Pfarrerinnen“ und „Pfarrern“ gehalten.

Christinnen und Christen sprechen durch verschiedene Gebete zu Gott. Es gibt feste Gebete (zum Beispiel das „Vaterunser“ oder das „Glaubensbekenntnis“), jedoch beten sie auch in ihren eigenen Worten zu Gott, indem sie ihm beispielsweise von ihren Wünschen und Ängsten erzählen. Während eines Gebets knien sich katholische Gläubige oft hin und falten dabei ihre Hände. Evangelische Gläubige tun das nicht. Eine Vorschrift für einen bestimmten Ort oder eine Gebetshaltung gibt es in dieser Religion nicht.

Christliche Kirche

2 Lies genau und kreise ein. Die Buchstaben ergeben das Lösungswort.

	richtig	falsch
Das Gotteshaus der Christinnen und Christen heißt „Kirche“.	K	G
In der Kirche gibt es einen Altar.	R	O
Christinnen und Christen glauben an mehrere Gottheiten.	T	EU
Die Heilige Schrift des Christentums nennt man Bibel.	Z	T

Das Lösungswort lautet: ____________

20 min

1 Worin besteht der Unterschied zwischen „wissen“ und „glauben“?

Vervollständige die Sätze.

Wenn ich etwas weiß, dann

Wenn ich etwas glaube, dann

2 Wie heißen die verschiedenen Gotteshäuser? Schreibe in die Zeilen.

Christliche Kirche — Buddhistischer Tempel — Muslimische Moschee — Hinduistischer Tempel — Jüdische Synagoge

3 Suche dir eine Weltreligion aus und entwirf dazu einen Steckbrief.
Die folgenden Fragen sollten dabei beantwortet werden:

Wie heißt deine Weltreligion?	Wie sieht das Gotteshaus aus?
An wie viele Götter glauben die Gläubigen?	Wie sehr verbreitet ist die Religion?
Wie heißt der Gott oder wie heißen die Gottheiten?	Was ist für dich das Besondere an dieser Religion?

Steckbrief

So sieht das Gotteshaus aus:

Die goldene Regel

In unserer Gemeinschaft gibt es die goldene Regel. Sie soll das Leben in der Gesellschaft erleichtern und ein friedliches und freundliches Miteinander ermöglichen. Sie lautet:

Ich behandle andere so, wie ich selbst behandelt werden möchte.

Diese Regel brauchst du jeden Tag in den verschiedensten Situationen. Zum Beispiel: Wenn du möchtest, dass jemand dir hilft, wenn du hingefallen bist, solltest du ebenfalls anderen helfen, wenn sie sich verletzt haben. Oder wenn du möchtest, dass dir jemand einen Radiergummi leiht, wenn du deinen vergessen hast, solltest du auch bereit sein, deine Sachen zu verleihen, wenn jemand etwas braucht.

1 Schau dir das Bild an. In welchen Situationen halten sich die Kinder an die goldene Regel? Male diese Kästchen gold oder gelb an.

2 Wie sollen dich andere Kinder behandeln? Schreibe in die Bilderrahmen.

3 Überlege dir, warum die Regel „goldene Regel“ heißt. Schreibe auf.

4 Wann hättest du dir gewünscht, dass jemand nach der goldenen Regel handelt? Schreibe in Stichworten drei Situationen auf.

1.

2.

3.

Freundlich sein

Manchmal gibt es Tage, an denen du dich nicht gut fühlst. Dann fällt es dir vielleicht schwer, mit anderen freundlich umzugehen. Erinnere dich dabei aber stets auch an die goldene Regel.

1 Man kann etwas auf verschiedene Art und Weise sagen. Stell dir vor, die folgenden Sätze werden zu dir gesagt. Welche Aussage findest du freundlicher? Male die entsprechende Sprechblase an.

Kannst du das bitte noch einmal lauter sagen?

Oh Mann, ich habe dich nicht verstanden. Sprich lauter!

Ich glaube, das ist mein Platz. Kannst du dich bitte woanders hinsetzen?

Geh weg, ich saß da – das ist mein Platz!

Haltet doch mal den Mund, das nervt!

Könnt ihr bitte leise sein? Ich kann mich so nicht konzentrieren.

2 Formuliere die folgenden Aussagen in freundliche Fragen um.

Los, gib' den Stift her!

Fass' meine Jacke bloß nicht an!

Ihr lasst mich nie mitspielen, ihr seid blöd!

3 Wie wirken die folgenden Gesichter auf dich? Begründe.

A.

B.

C.

Was kann ich tun, wenn ich wütend werde?

Jeder Mensch kann durch etwas anderes wütend werden. Es dauert bei jedem Menschen unterschiedlich lang, bis das eigene „Wutmonster“ ausbricht. Oft ist es allerdings bei allen gleich, dass das „Wutmonster“ nur schwer zu kontrollieren ist.

1 Wenn du merkst, dass du wütend wirst, gibt es verschiedene Möglichkeiten, etwas gegen einen Wutausbruch zu tun. Welche zwei der folgenden vier Möglichkeiten würdest du wählen und warum?

2 Denke an eigene Situationen, in denen du wütend warst, aber keinen Wutausbruch hattest. Welche Hilfsmittel haben dir geholfen? Schreibe.

Helfen

Du kannst auf unterschiedliche Art und Weise anderen Menschen helfen. Helfen bedeutet aber auch, andere zu ermutigen und zu unterstützen. Menschen, die anderen Hilfe anbieten und sie unterstützen, bezeichnet man als hilfsbereit.

1 Wobei hast du anderen schon einmal geholfen?

Wie hast du dich dabei bzw. danach gefühlt?

2 Wobei wurde dir schon einmal geholfen?

Wie hast du dich dabei bzw. danach gefühlt?

Helfen und sich helfen lassen

Manchmal trauen sich Menschen nicht, um Hilfe zu bitten. Dann ist es sehr freundlich, Hilfe anzubieten. Es gibt viele Möglichkeiten zu helfen.

1 Lies dir die folgenden Situationen durch und überlege, wie du dem Kind helfen könntest. So könnte ich helfen:

Situation	So könnte ich helfen
Mein Tischnachbar Michael hat sein Mäppchen zuhause vergessen.	
Kenan steht ganz allein in der Pause auf dem Schulhof. Er ist mit seiner Familie aus einem anderen Land geflohen und versteht noch kein Wort Deutsch.	
Ida hat sich im Skiurlaub ihr Bein gebrochen und muss jetzt auf Krücken gehen. Ihr Klassenraum befindet sich im ersten Stock.	

2 Warum ist es wichtig, anderen zu helfen?

Der 6. Ethikmeister

20 min

1 Wie solltest du andere Menschen behandeln? Schreibe auf.

2 Haben die Kinder nach der goldenen Regel gehandelt? Male ☺, wenn sich das Kind an die goldene Regel gehalten hat und ☹, wenn nicht.

◯ Simon und Katharina spielen ein Kartenspiel. Als Katharina nicht hinschaut, schummelt Simon und legt zwei Karten auf den Ablagestapel.

◯ Britt hat Jana in der Pause erzählt, in wen sie verliebt ist. Sie bittet Jana, niemandem davon zu erzählen. Doch Jana findet diese Information so spannend, dass sie es Lina unbedingt sagen muss. Am nächsten Tag wissen es alle in der Klasse.

◯ Fred hat das Freundschaftsbuch von Lin nun schon mehr als ein halbes Jahr. Obwohl Lin immer wieder danach fragt, gibt er es nicht zurück.

◯ Sergio spielt nicht gerne Fußball. Trotzdem macht er mit, denn es ist das Lieblingsspiel seines besten Freundes Martin.

◯ Juris Hamster ist gestorben. Sandra besucht ihn und bringt einen Stein mit. Diesen möchte sie mit Juri bemalen und auf das Grab des Hamsters legen.

3 Ergänze die Sätze im Sinne der goldenen Regel.

Wenn ich dich nicht auslache, dann

Vertraust du mir, dann

Ich bin ehrlich zu dir, dann

4 Thiele ist neu in der Klasse 3a. Überlege dir drei Situationen, mit denen du ihm helfen könntest, schnell in deiner Klasse anzukommen und sich dort wohlzufühlen. Schreibe in Stichworten auf.

Ich könnte ______________________

Ich könnte ______________________

Ich könnte ______________________

____

5 Schau dir die Situation an. Wie könnte Thiele mit seiner Wut umgehen? Schreibe in Stichworten auf.

richtiger Umgang mit Wut

falscher Umgang mit Wut

Du hast ____ von 14 Antworten richtig.